QU SHI FANTIZI

趣识繁体字

主 编 李清芝
编 者 杨海晖 易 琼 周惠英
吴鸽子 李清芝 赵晓林

语文出版社
·北京·

图书在版编目(CIP)数据

趣识繁体字 / 李清芝主编. — 北京 : 语文出版社,
2012（2014.4重印）
ISBN 978-7-80241-477-8

Ⅰ. ①趣…　Ⅱ. ①李…　Ⅲ. ①汉字-简化字-少儿读物
Ⅳ. ①H12-49

中国版本图书馆CIP数据核字（2012）第102611号

责任编辑　郑伟钟
装帧设计　刘姗姗
出　　版　语文出版社
地　　址　北京市东城区朝阳门内南小街51号　100010
电子信箱　ywcbsywp@163.com
排　　版　语文出版社照排室
印刷装订　北京鑫海达印刷有限公司
发　　行　语文出版社　新华书店经销
规　　格　787mm × 1092mm
开　　本　1 / 16
印　　张　8. 25
字　　数　103千字
版　　次　2013年1月第1版
印　　次　2014年4月第2次印刷
印　　数　5, 001-8, 000
定　　价　30.00元

编写说明

作为现今仍在使用的最古老的文字之一，汉字素有历史文化的“活化石”之称。汉字的形体演变尽管经历了甲骨文、金文、篆书、隶书、楷书等阶段，但依旧保留着它的图画性质，它的结构及笔画都蕴藏着中华民族的思维方式、审美情趣、历史溯源、风俗习惯等诸多信息。

“一把黄土塑成千万个你我，静脉是长城，动脉是黄河。五千年的文化是生生不息的脉搏，提醒你，也提醒我，我们拥有个名字叫中国。”

吟唱这首歌曲，品赏这段歌词，哪个中国人不为自己的祖国有着广袤的疆域，使用着字形多样的方块字来书写民族的历史文化，用抑扬顿挫的声调诵读着诗词歌赋而骄傲呢！

在这本书中，我们试图用浅显易懂的文字和图示，向小读者解读一些汉字的演变过程，帮助他们了解一点有关繁体字的知识。书中繁简字对照，能帮助小读者在欣赏文章的同时，记住繁简不同的字形，更加形象地了解汉字的演变过程。

本书依据现行语文教科书中的生字表对照编写，可作为学生的课外兴趣读物。我们期望这本书能为传承中华民族悠久的汉字文化做出自己的贡献。

目 录

1. 厂字框（厂）

读释义　知起源

大家看，“厂”的字形是不是像突出的岩石？瞧，下面还可以住人呢！其实，“厂”在古代并不是“廠”的简化字，而是个独体字，读作hǎn（喊）。

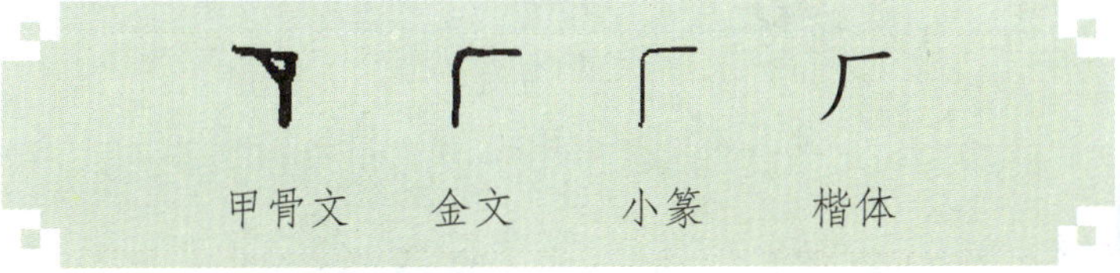

“厂”是个部首字，由“厂”组成的字，大都与房屋或山崖有关，如“厨、原、厓、历”等。

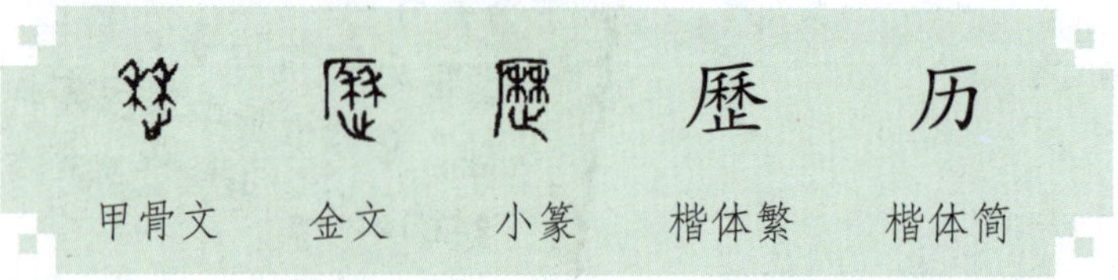

“歷（历）”字的上古形态很有意思。甲骨文的上部是两个“禾”，表示一行一行的庄稼，下部是一只脚（止），脚趾朝上，脚后跟朝下，表示脚步从一行一行的庄稼中走过。金文的左上边增加了个“厂”字，表示在山崖之前。小篆之后的字形均是在金文的基础上发展来的。

“历”的本义是经过，又引申为逐个地、一件一件地。从这个意义出发，后世就产生了叠音词“历历”了。成语“历历在目”，正是由此而来。

金文“原”字中的“厂”表示前檐突出的山崖。在这个山崖的旁边有一股清澈的泉水涓涓不息地流出。可见“原”最初是个象形字。小篆的形体，中间部分还像是泉水从岩洞里流出来，到了楷书，就演变成上“白”下“小”了。

“原”字的本义是源泉，引申为开始、起源。最早没有“源”字。一个“原”字，既表示水源，又表示平原。后来，人们在其左边加了三点水，形成了左形（氵）右声（原）的形声字“源”，而“原”字只表示平原等意思。这就使“原”“源”分工明确了。

厚

甲骨文　金文　小篆　楷体

“厚”字本为形声字。甲骨文的形体，外部为“厂”，表形，内部像一个敞口尖底的酒坛，表声。金文的形体，其内部更像一个尖底的酒坛。小篆和楷书的写法，其内部又变为上“曰”下“子”。

“厚”的意思与“薄”相对。由此引申为深、重，如“无可厚非、浓情厚谊”等。“厚”由“深”义又引申为酒的醇厚，即酒味很浓。请注意：现在所说的“厚颜”，一般是指脸皮厚，不知羞耻，而古代的“厚颜”却多为“难为情”的意思。

读一读，找一找（写出繁体字和对应的简体字）

1. 变本加厲　再接再厲　（　　）—（　　）
2. 歷歷在目　来歷不明　（　　）—（　　）
3. 泰山壓顶　欺大壓小　（　　）—（　　）
4. 不厭其烦　学而不厭　（　　）—（　　）

选一选，填一填

壓　厭

適當的（　　）力能成爲有效的動力。

我討（　　）和沒有禮貌的人交朋友。

歷　　厲

哥哥的（　　）史成績很好。

校長嚴（　　）地批評了這位不守紀律的同學。

动动手，连一连

　　厲　　厉

　　歷　　历

我是小书童

古诗美读

江畔獨步尋花

(唐) 杜　甫

黄四孃家花滿蹊，
千朵萬朵壓枝低。
留連戲蝶時時舞，
自在嬌鶯恰恰啼。

名句诵读

歷覽前賢國與家，
成由勤儉敗由奢。
——(唐)李商隱

假如沒有勞動這個壓舵的貨物，任何風暴都會把生活之船翻掉。
——(法)司湯達

展示台（请把你喜欢的繁体字写下来）

故事会

荳腐的來歷

戰國時期，燕國有個名叫樂毅的人，非常孝順自己的父母。他的父母都很喜歡吃黄荳。

一天，樂毅正在煮荳漿，準備給父母喝，他的父親路過，從鍋裏舀了一勺，嘗了一口，直搖頭問："這荳漿怎麼什麼味也没有啊?"樂毅一拍腦門，唉，原來是忘了放鹽。可是鹽罐裏只剩下一些鹽鹵水，他只好將它們全倒進了荳漿鍋裏。不一會兒，水煮開了。樂毅揭開鍋一看，不由得愣住了：原來鍋裏的荳漿，全凝成了白嫩嫩的乳塊！樂毅的父母看了，也不知道是怎麼回事，連説："真奇怪！真奇怪！"樂毅把這些白乳塊舀起來，嘗了嘗，感覺滑嫩可口，別有一番滋味。他又請父母和鄰居品嘗，大家都説好吃。樂毅很高興，第二天就跑到私塾先生那裏，讓他給取了個名字，叫"荳腐之玉"。

從此以後，樂毅幾乎天天做"荳腐之玉"給父母吃。有一天，樂毅的母親病了，請來大夫一看，原來是經常吃黄荳上火的緣故。大夫開的頭道藥就是涼性藥——石膏，於是，樂毅再做"荳腐之玉"的時候，都放些石膏進去，這樣再吃，就不會上火了，而且味道比以前更鮮嫩。

後來，樂毅專賣"荳腐之玉"，生意很興隆，"荳腐之玉"也被人們簡稱為"荳腐"。

2. 单人旁、人字头(亻、人)

读释义 知起源

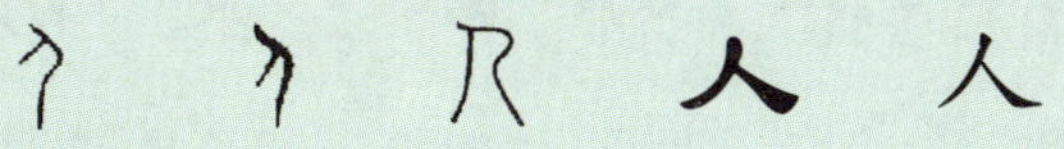

甲骨文　金文　小篆　隶书　楷体

“人”是个很简单的象形字，也是最常用的汉字之一。甲骨文中就是一个面朝左边、弯腰站立的人的象形：上端的一竖代表头和颈；左边的一斜竖代表手臂；右边的部分是腰和腿。金文中的“姿势”稍有变化：呈双腿直立，上体前驱状——就成为了楷书中的部首字“亻”的原型了。

发展到了小篆阶段，“人”又换了一种“姿势”：弯腰抬头，双手扶地，脚部略弯，臀部翘起，活像百米运动员起跑前的姿势。在隶书中“人”字的头和手臂部分变为一撇，身躯和腿两部分变成了一捺，就确定了“人”的字形。

“人”是个部首字，作左旁时可以写作“亻”。以“人”为部首的字，多与人或人的行为有关，如“会、令、化、仁”等。

现在的“傘（伞）”是个象形字：上面是张开的伞面，下面是支架和把。在小篆中它却是左形（纟）右声（散）的形声字。其本义是车盖。引申指挡雨、遮阳的用具。

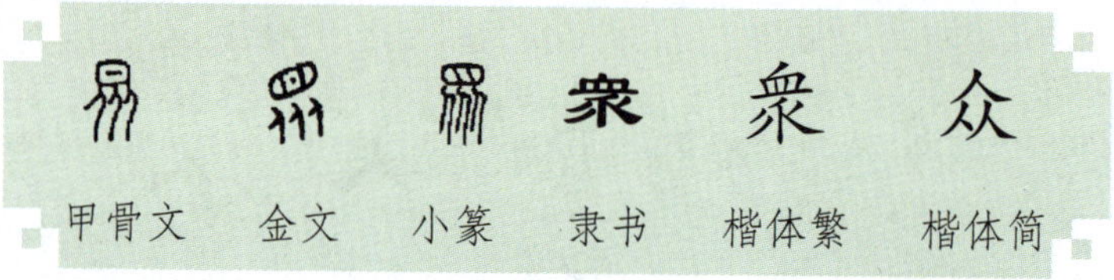

“眾（众）”是个会意字。甲骨文中，它有点“锄禾日当午”的样子：烈日当空（头上为“日”），很多人在弯腰劳动。金文中有了变化，三人头上的“日”变成了“目”，很像统治者的一个铜铃似的大眼睛在监视群众劳动。简体楷书中的“众”只保留了三个“人”，所以我们现在还说“三人为众”。

“众”字的本义就是许多人，后来引申为许多。

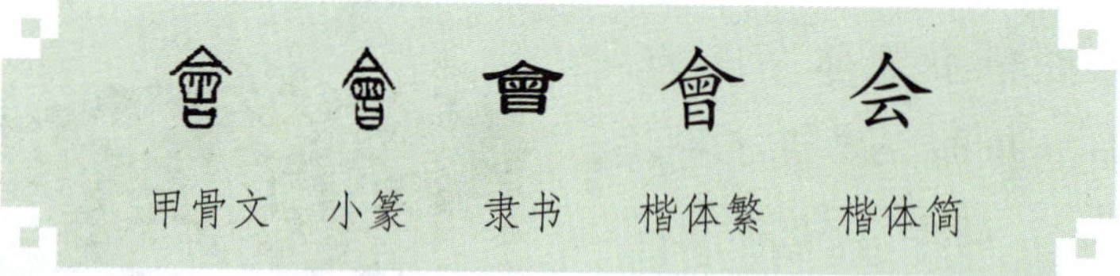

“會（会）”是个会意字。甲骨文中上面就像盖子的形状，下部是个底儿，中间像装满的一箱东西。上有盖子，下有底儿才能合，所以“会合”二字到了后世就成了一个词。小篆的形体，下部发生了变化，底儿变成了“日”字。繁体字的笔画繁多，后来又产生了简化字“会”。

“会”的本义为盖子，是名词。后来引申为动词，意思为聚合，合在一起，如“聚会、会合”。又引申为多人的集合或多人组成的团体，如“会议、开会、董事会、委员会”。

“会”还有算账的意思，这时应该读“kuài”，如“会计、财会”。

	僑	侨
小篆	楷体繁	楷体简

“僑（侨）”是个会意兼形声字。“亻”的形体是站着的人；“喬”有高的意思。“侨”本义是指比较高的人，引申指寄居异地或他国的人。

我是小博士

读一读，找一找（圈出繁体字，再写出简体字）

1. 今天，我请同学来家里做客，妈妈为我们精心准備了丰盛的晚餐。（　）
2. 一群小蚂蚁躲在一块石头后面开會。（　）
3. 乐乐是一个品学兼優的学生。（　）

动动手，连一连

	仪	伞
	傘	俠
	侠	儀

读一读，选一选

儀——仪容	①人的外表	②礼节	③礼物	④倾心	（　）
倫——伦理	①人伦	②条理	③同类	④姓	（　）
價——价钱	①价格	②价值			（　）
償——偿还	①归还	②满足			（　）

看一看，写一写

簡化字（　　　）　繁體字（　　　）

我是小书童

古诗美读

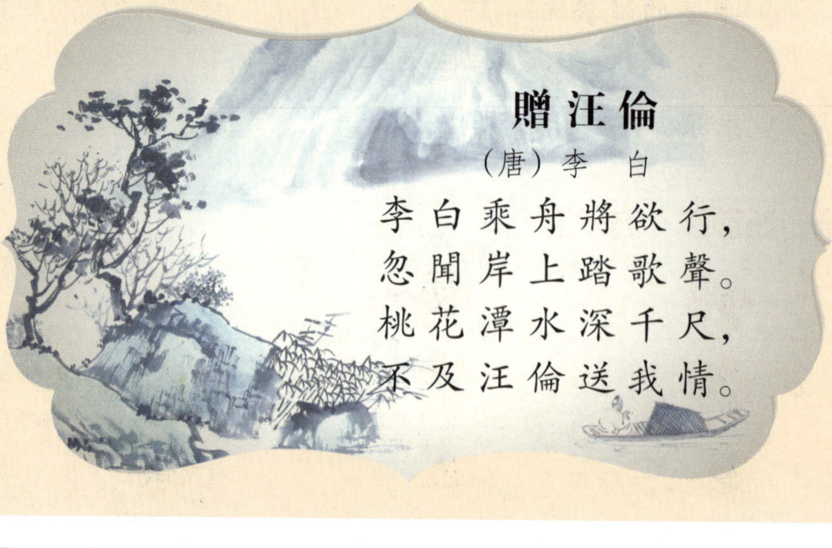

贈汪倫

（唐）李　白

李白乘舟將欲行，
忽聞岸上踏歌聲。
桃花潭水深千尺，
不及汪倫送我情。

经典诵读

養不教，父之過。教不嚴，師之惰。
子不學，非所宜。幼不學，老何爲？
玉不琢，不成器。人不學，不知義。
爲人子，方少時。親師友，習禮儀。

選自《三字經》

名句诵读

如果胸無大志，即使再有壯麗的舉動也稱不上是偉人。

——（法）拉羅什夫科

讀書，這個我們習以爲常的平凡過程，實際是人的心靈和上下古今一切民族的偉大智慧相結合的過程。

——（蘇聯）高爾基

展示台（请把你喜欢的繁体字写下来）

美文赏读

生命是盛開的花朵，它綻放得美麗，舒展，絢麗多姿；生命是精美的小詩，清新流暢，意蘊悠長；生命是優美的樂曲，音律和諧，婉轉悠揚；生命是流淌的江河，奔流不息，滾滾向前。

对照：生命是盛开的花朵，它绽放得美丽，舒展，绚丽多姿；生命是精美的小诗，清新流畅，意蕴悠长；生命是优美的乐曲，音律和谐，婉转悠扬；生命是流淌的江河，奔流不息，滚滚向前。

3.几字旁、儿字旁（几、儿）

读释义　知起源

		几
金文	小篆	楷体

	幾	几
金文	楷体繁	楷体简

“几”读作jī，是个象形字。金文和小篆的形体，像短而小的桌形，可以坐、卧、靠或者放置东西。

“几”与“幾”本为含义不同的两个字。“幾”有细微、将近等意思，另外也作疑问词，用来询问数目。现在“幾”借“几”作简化字，读为jǐ。

“几”是个部首字。在汉字中，有些字的结构中含有“几”的部件而又难以归部，就归入了“几”部。如“风、凤”等。

甲骨文	金文	小篆	楷体繁	楷体简
			兒	儿

从甲骨文中可以看出，这个“兒（儿）”字就像一个面朝左站着的大头娃娃。在大头之下，向左下方伸展的一笔是娃娃的手臂，右边弯曲的一笔是娃娃的身子和腿。金文的形体也基本上同于甲骨文，不过不太像人形了。小篆的上部是个大头，不过下部不太像手臂与腿。

“儿”字多指男孩子，但也可指女孩子。有的女士给父母写信，用“儿”自称，显得亲切文雅。现在，“儿”字还经常用做名词的后缀，如“花儿、马儿、鸟儿”。

甲骨文	金文	小篆	楷体繁	楷体简
			鳳	凤

甲骨文的“鳳（凤）”字，中间是凤头，头上有一撮漂亮的冠羽，下部有长尾，有凤爪。金文在右边多了一个表示读音的“凡”。凤在古代被认为是神鸟。小篆的形体，把“凡”字上移，把“鸟”字套在中间，成为外声（凡）内形（鸟）的形声字了。

古代人把凤比作鸟中之王。京都的别名也称为“凤城”，因为京都是全国城市之首，如同凤是鸟中之王。

我是小博士

选一选，填一填

兒　　見

★ 公園裏各种花（　　）争相開放。

★ 李勇看（　　）張明隨手亂扔垃圾，連忙上前勸阻。

風　　鳳

★ 通過看課外書，我知道了傳說中的（　　）凰就是孔雀。

★ 天氣預報說，今天將有五級大（　　）。

读一读，写一写（用下列词语写一句话）

★ 凱旋——＿＿＿＿＿＿＿＿＿＿＿＿＿＿＿＿

★ 暴風驟雨——＿＿＿＿＿＿＿＿＿＿＿＿＿＿

想一想，连一连

　　兒　　见

　　見　　儿

我是小书童

古诗美读

敕勒歌

北朝民歌

敕勒川，陰山下。
天似穹廬，籠蓋四野。
天蒼蒼，野茫茫，
風吹草低見牛羊。

经典诵读

見人善，即思齊。縱去遠，以漸躋。
見人惡，即內省。有則改，無加警。

選自《弟子規》

展示台（请把你喜欢的繁体字写下来）

百鳥朝鳳

很久很久以前，鳳凰只是一隻很不起眼的小鳥，羽毛也很平常，絲毫不像傳說中的那般光彩奪目。但它有一個優點，很勤勞，不像別的鳥那樣吃飽了就知道玩，而是從早到晚忙個不停，將別的鳥兒扔掉的果實都一顆一顆撿起來，收藏在洞裏。

這有什麼意思呀？其他鳥兒都覺得鳳凰很傻。可別小看了這種貯藏食物的行爲，到了一定的時候，它可發揮大用處了！

果然，有一年，森林大旱。鳥兒們覓不到食物，餓得頭昏眼花，都快支撐不下去了。這時，鳳凰急忙打開山洞，把自己多年積存下來的乾果和草籽拿出來分給大家，和大家共渡難關。

旱災過後，為了感謝鳳凰的救命之恩，鳥兒們都從自己身上選了一根最漂亮的羽毛拔下來，製成了一件光彩耀眼的百鳥衣獻給鳳凰，並一致推舉它為鳥王。

以後，每逢鳳凰生日之時，四面八方的鳥兒都會飛來向鳳凰表示祝賀，這就是百鳥朝鳳。

萬事俱備，祗欠東風

東漢末年，曹操親自率領幾十萬大軍南下，駐紮在長江中游的赤壁，企圖打敗劉備以後，再攻打孫權。孫權和劉備的兵力都不敵曹操，於是就採取了聯合抗曹的策略。

當時，孫權的大將周瑜主張火攻。爲此，他巧設計謀使曹軍的大小船隻連爲一體，並且讓黃蓋假裝投降曹軍。一切都準備好了，周瑜卻發現曹操的船隻都停在大江的西北，而自己的船隻靠南岸。這時正是冬季，所刮的都是西北風，只有刮東南風才能對曹軍發起火攻。周瑜眼看火攻不能實現，急得口吐鮮血，病倒在床。這時諸葛亮去探望周瑜，順手就寫了十六個字："欲破曹公，宜用火攻；萬事俱備，祗欠東風。"一下子就道出了周瑜的心病。周瑜大吃一驚，便向諸葛亮請教破敵的方法，諸葛亮答應幫周瑜借來東風。

周瑜命令部下做好一切火攻的準備，等候諸葛亮借來東風，就馬上進兵。諸葛亮讓周瑜在南屏山修築七星壇，然後登壇燒香，呼風喚雨。半夜三更，真的刮起了東南風。周瑜連忙下令發起火攻，最終取得了赤壁之戰的勝利。

4.两点水（冫）

读释义　知起源

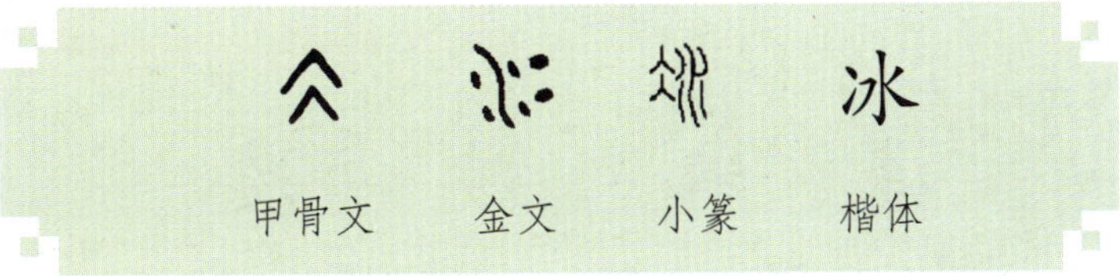

“冰”是一个象形字。甲骨文中的两个人字形，就像严寒之下突起的冰块。金文中在“冫”（冰）旁边又加了个“水”字，表示冰是由水凝结而成的。

“冫”本来就是“冰”的象形字，如《说文解字》中说：“仌，冻也，象水凝之形。”也就是说“仌”是冻的意思，像水凝结后的形状。它还是一个部首字。一个字如果以“冫”作为组成部分，大多有寒冷之意，如“寒、冻、冷、冽、凉”等。

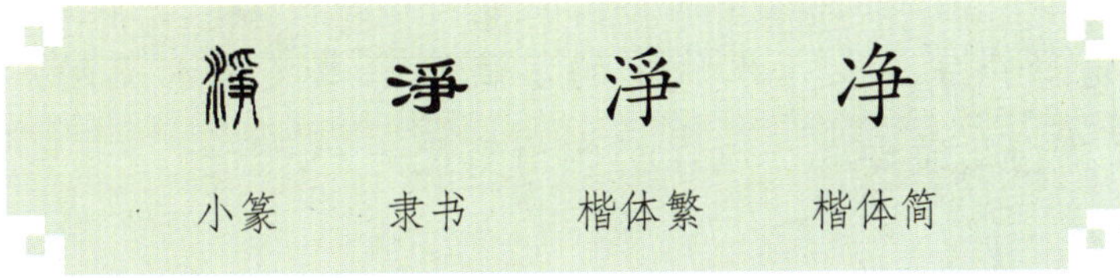

“淨（净）”是会意字，偏旁“氵”表示水能洗掉尘垢；从右面的“争”可以看出在洗涤的时候水与尘垢有互相争斗之意。这个字含有争取如冰一般洁净的意思。

涼	涼	涼	凉
小篆	隶书	楷体繁	楷体简

“涼（凉）”是会意字。左边“氵”表示水的温度较低；右面的“京”本来是指人工筑成的高丘，通常高处较凉。简化后左边为“冫”(冰)，寒冷之意更为明显。

凌	凌	凌	凌
小篆	隶书	楷体繁	楷体简

“凌（凌）”是形声字。“冫”表意，古文字形体像水结冰拱起的形状，表示凌就是冰；“夌”表示水超越液体而成固体为凌，本义就是冰，同时又表声。

沖	衝	衝沖	冲
甲骨文	小篆	楷体繁	楷体简

“沖”是形声字，表示水域中的水流动，本义是水涌动；“衝”也是形声字，本义指交通要道。现在两字均简化为“冲”。

決	決	決	决
小篆	隶书	楷体繁	楷体简

“決（决）”是会意字。篆书从水，从夬。“夬”有残破的意思，表

示堤坝被水冲破。本义是决堤，还有决定、一定，肯定、定胜负，分高低，执行死刑等意思。

我是小博士

读一读，找一找（圈出繁体字，再写出简体字）

1. 周恩来年轻時决心为中华之崛起而读书。

（　　　　　）

2. 小民立下决心,这次期末考试一定要拿个全年级第一。

（　　　　　）

3. 梅花在天寒地凍的严冬绽放。（　　　　　）

动动手，连一连

	淨	涼
	涼	凍
	凍	淨

读一读，想一想

天寒地凍　冰凍三尺　冰解凍釋　冰消凍解

乾乾淨淨　窗明几淨　風輕雲淨　一乾二淨

世態炎涼　滿目淒涼　避涼附炎　涼了半截

怒氣衝天　横衝直撞　衝鋒陷陣　衝昏頭腦

我是小书童

古诗美读

梅　花

（宋）王安石

墙角数枝梅，凌寒獨自開。
遥知不是雪，为有暗香来。

经典诵读

房室清，牆壁淨。几案潔，筆硯正。
墨磨偏，心不端。字不敬，心先病。
列典籍，有定處。讀看畢，還原處。
雖有急，卷束齊。有缺壞，就補之。

選自《弟子規》

展示台（请把你喜欢的繁体字写下来）

望 岳

（唐）杜　甫

岱宗夫如何？齊魯青未了。
造化鐘神秀，陰陽割昏曉。
蕩胸生層雲，決眦入歸鳥。
會當凌絶頂，一覽衆山小。

赏析：“会当凌绝顶，一览众山小”，这最后两句，写由望岳而产生的登岳的意愿。“会当”意即“一定要”。

从这两句富有启发性和象征意义的诗中，可以看到诗人杜甫不怕困难、敢于攀登绝顶、俯视一切的雄心和气概。

美文美读

親　情

親情是一把結實的傘，
爲你遮風擋雨；
親情是一件厚厚的棉衣，
爲你抵禦嚴寒；
親情是一張柔軟的床，
你累了，
讓你忘記疲憊；
親情是一條乾爽的毛巾，
你哭了，
爲你拂去心中的淚水；
親情是一杯甜甜的冰紅茶，
你笑了，
讓你從嘴裏甜到心裏……

小朋友们，小可当又和大家见面了！你们一定有许多收获吧？我们不但认识了一些繁体字，还知道了汉字的造字过程，太有趣了！让我们继续这快乐之旅吧！

5.言字旁（讠）

读释义　知起源

甲骨文　金文　小篆　隶书　楷体

甲骨文的“言”字，上部是箫管之类乐器的吹嘴子，下部的“口”表示用嘴巴吹。金文的形体，其上部的吹嘴子稍微复杂了一点。小篆的形体更复杂了一点，但仍然是金文的变体。

“言”最初是指吹箫，但后来这个意思消失，“言”就当“说”讲了，如成语“知无不言，言无不尽”中的“言”。后引申为议论的意思，由议论又引申为言论。言语总是与写字有关系，所以“言”字也可以当“字”讲，如五个字一句的诗叫“五言诗”。成语“一言为定”中的“言”也是当一句话讲。

“言”字是个部首字。在汉字中与说话有关的字多从“言”，如“话、语、议、说、评”等。

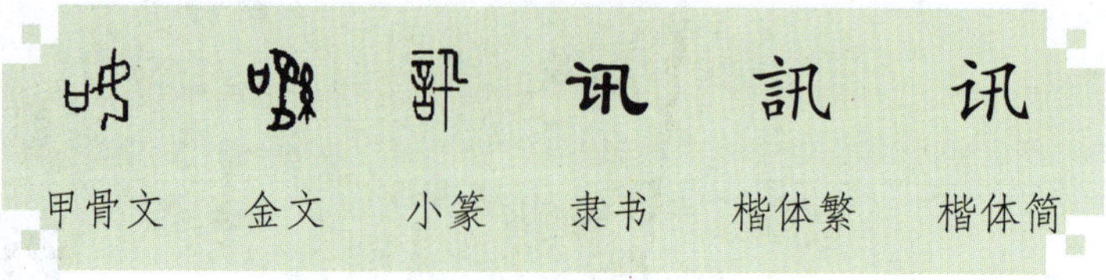

“訊（讯）”是个会意字。甲骨文左边是个“口”，右边是“人”，面朝左而跪，表示捉来的俘虏受审讯。金文的中间是变异的“人”，右边是“丝”，指绳索。小篆之后的形体，变成左形右声的形声字了。

“讯”字的本义是审问，如“刑讯、讯问”。而《说文解字》认为“讯”的本义是“问也”。其实，“问”只是“讯”字的引申义，如《三国志》：“私相参讯，咸知家门无恙。”也就是说：私下互相询问，都知道家中平安无事。从“问”又可以引申为消息、信息，如“通讯、音讯、讯息”。

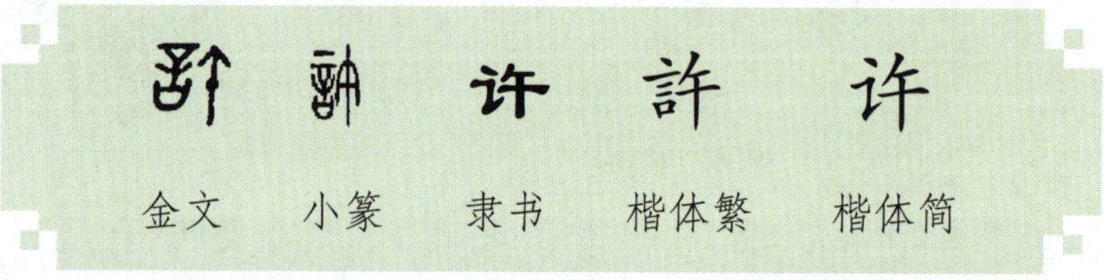

“許（许）”字是个左形（言）右声（午）的形声字。

“许”字的本义是答应，如“许可、允许”。可引申为承认其优点，如“赞许、嘉许”。又可以引申为大概的意思，表示估计，如“几许、少许”。“许许”连用，是指劳动时共同出力的呼声。如《诗经》：“伐木许许。”不过，这里的“许”读hǔ。

我是小博士

读一读，挑一挑（选择苹果中的字组成词）

論　識　說　訴　認

課　讀　講　誦　討

读一读，填一填

記　計

★ 堅持每天寫日（　　）是學習的好習慣。

★ 製定假期（　　）劃，可以讓假期生活更有規律。

誼　議

★這次的夏令營活動讓大家建立了深厚的友（　　）。

★老師的問題引起了同學們的（　　）論。

古诗美读

詠　　鵝

（唐）駱賓王

鵝，鵝，鵝，
曲項向天歌。
白毛浮綠水，
紅掌撥清波。

名句诵读

諺語是一人的機鋒，多人的智慧。

——朱自清

一句漂亮話之所以漂亮，就在於所說的東西是每個人都想到過的，而所說的方式卻是生動的，精妙的，新穎的。

——（法）布瓦洛

展示台（请把你喜欢的繁体字写下来）

故事会

認“賊”作父

一張煤黑的臉，左手提一個滿是油污的尼龍袋，右手拿一個鐵夾，眼光迅速地游走在古豐街的各個角落。

突然，他看見靠在樹邊的冰箱旁有一個礦泉水瓶，他的鐵夾伸了過去。

“賊呀，偷我的東西！”攤點的胖女人坐在凳子上猛地大叫起來。

“早知道你還要，我就不撿了！”他抽離了那個礦泉水瓶，說道。

“你光有眼眶沒珠子呀，沒看還有半瓶水嗎？”

“我不是故意的，以爲是個空瓶子。”他諾諾地抱歉説。

“對不起如果管用，還要法律幹什麼？”胖女人站起來吼著。

“那你説怎麼辦？”

“怎麼辦？哼哼！”胖女人奪過他的尼龍袋，堵著鼻子把袋口倒翻，鐵罐鋁罐、礦泉水瓶、舊書報、廢鐵塊等物“哐哐當當”地散了一地。

他木木地站著，沒有抗爭，一臉無奈。

突然圍上了一圈人，個個叉腰背手地一邊站著看熱鬧，一邊説著話：

“這些鄉巴佬，家門口放個尿盆都偷走！”

“垃圾堆裹到處翻，城裹的蒼蠅和臭味都是他們折騰出來的。”

“不整整這些人，市民的日子真不好過！”

胖女人喘著氣，推了他一下，說：“走，去城管一趟！”

他像一塊木頭似的站著沒動。胖女人又使勁推了推，還大聲喊著“走呀，走呀”的。

“礦泉水多少錢一瓶？”一個戴眼鏡的年輕人擠進來問。

“一塊五！”胖女人回答。

“給我來一瓶！”

胖女人鬆開了拾荒者，用毛巾擦了擦手，從冰箱裹拿出一瓶礦泉水遞給年輕人。

年輕人接過，給了錢，轉而又把礦泉水放在了冰箱蓋上，說：“我用這瓶礦泉水換地上的那瓶，你讓他走吧！”年輕人指了指那個可憐的拾荒者。

“他是你什麼人？”胖女人驚訝地問。

年輕人看了一眼拾荒者，平靜地說：“他是我爸爸！”

圍觀的人聽了都感到驚訝，有些人還皺起了眉頭。

拾荒者走了過來，扳過年輕人的肩膀，認真地看著他的臉，猛然給了他一巴掌，然後“嗚嗚”地大哭起來。

年輕人捂著臉，彎腰撿起地上的那瓶礦泉水，“咕咚咕咚”一飲而盡，然後跑上了公車。

其實，這個年輕人是個在校大學生，與拾荒者素不相識，他的父母在另一個城市拾荒供他上學。

6.士字头（士）

读释义　知起源

甲骨文　金文　小篆　楷体

“士”是个象形字。甲骨文的形体，像禾苗立于地上。金文、小篆和楷体的写法都是在甲骨文的基础上增加了一横。

“士”字的本义众说纷纭。《说文解字》：“士，事也。”认为“士”字的本义为“事”。《释名·释言》：“事，傳也；傳，立也。”《汉书·蒯通传》注：“东方人以物臿（插）地为事。”插地之事一般由男性来做，所以“士”就被用作对男子的美称。后来泛指军人，如“士兵、士卒、士气”，或指某些专业人员，如“医士、护士”。

甲骨文　金文　小篆　楷体

“壹”为形声字。甲骨文的形状像水壶，以水壶藏液体而不泄露表示专一而不涣散。金文“壶”的中间有个“吉”字表声，表示吉祥幸福需心志专一地追求才能得到。“壹”本义就是专一，后来用作数字“一”的大写。

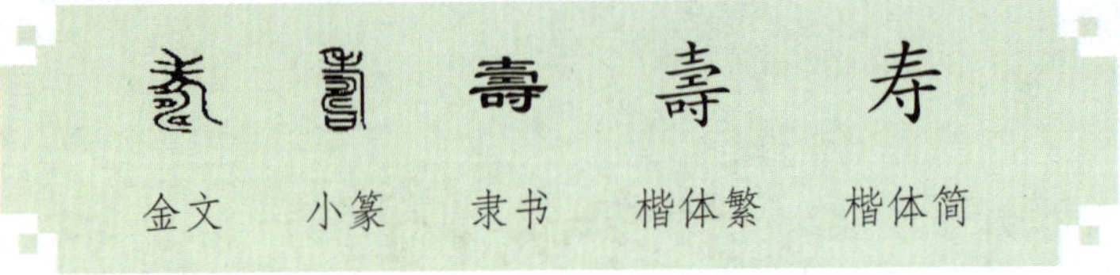

“壽（寿）”是个会意字。金文的字形就像老人脸上的皱纹像耕耙过的田地。本义为年岁高，如“寿翁（年高长寿的老人；泛指祝寿者）、寿人（年高的人）；寿岂（长寿而快乐）、寿域（长寿的境域；比喻太平盛世）、寿发（老年人头发脱落后又生的头发）”。

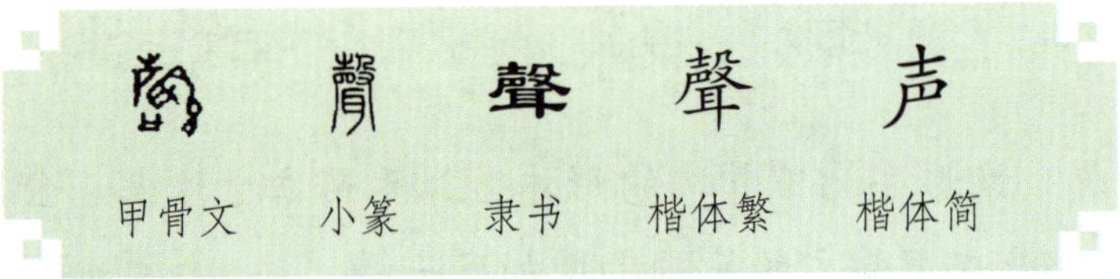

“夜来风雨声，花落知多少。”“聲（声）”是个会意字。甲骨文中是由五个部分组成的，左上的是磬的形状，右边是一只手拿着一个敲打磬的小槌，中间有“耳”和“口”，表示“话音入耳”就是“声”。整个“声”字就是敲打石磬、传声入耳的意思。到了小篆，则把“口”字去掉了，其他各部分都还在。

“聲”是“声”的繁体字。“声”的本义就是声音，如：“生而同声，长而异俗。”也就是说：人生下来时的声音相同，但是长大之后风俗习惯就不一样了。有声音之义又可以引申为声誉、宣扬等意思，如“声名远扬、社会声望”等。

我是小博士

读一读，找一找（圈出繁体字，再写出对应的简体字）

1. 一壺清茶香气扑鼻。　（　　）—（　　）
2. 福如東海，壽比南山。　（　　）—（　　）
3. 洛阳親友如相問，一片冰心在玉壺。
（　　）—（　　）
4. 少壯不努力，老大徒傷悲。（　　）—（　　）

动动手，连一连

	壺	寿
	壽	壮
	壯	壶

读一读，比一比，再试着组一个词语

壽	壽比南山	福壽雙全	（　　）
壺	壺漿塞道	壺中日月	（　　）
壯	年輕力壯	理直氣壯	（　　）
聲	聲東擊西	聲情並茂	（　　）

古诗美读

芙蓉樓送辛漸

（唐）王昌齡

寒雨連江夜入吳，
平明送客楚山孤。
洛陽親友如相問，
一片冰心在玉壺。

经典诵读

酸苦甘，及辛鹹。此五味，口所含。
膻焦香，及腥朽。此五臭，鼻所嗅。
匏土革，木石金。絲與竹，乃八音。
曰平上，曰去入。此四聲，宜調協。

選自《三字經》

展示台（请把你喜欢的繁体字写下来）

故事会

百壽圖的傳説

相傳宋朝有一知縣名叫高登，爲人最是乖巧鑽營，一心總想成仙。那一年元宵佳節，高知縣正在樓前觀燈，見一雙白白胖胖的光屁股孩童在人叢中穿梭戲耍，頂上靈光隱現。高知縣大異，忙唤差人前去捉來審問。

差人左右尋找，總是抓不到，但見兩道藍色靈光飛出了東門。高知縣忙令人跟蹤尋找，及至對河的葛祖山下，那兩道靈光在丹沙井邊一閃便不見了。差人急忙報告，高登徹夜難眠，左思右想，料定那兩個白白胖胖的孩童是丹沙井中靈物所化。

第二天一大早，他就帶著手下人衆來到丹沙井，命人架起水車，將井水車乾。井乾現底，見一塊青石板。撬開青石板，得一對千年何首烏，粗如手腕，已現人形。高知縣得之，大喜過望，回衙即命廚子刷鍋洗灶，蒸而食之。豈知那廚子也是貪婪之徒，及將首烏蒸爛，便偷將原湯倒出，另摻清水給高知縣送上。待廚子返回準備偷食首烏湯時，卻見一隻野貓踩翻了湯碗，一碗首烏湯全倒進了灶灰裏。

自從高知縣挖走了何首烏，井泉乾涸，災荒連年。高知縣登仙不成，反而丟了烏紗帽。後來史渭繼任知縣，因災禍頻仍，地方不寧，深為憂慮。夜來忽得一夢，夢見一群老翁向他哭訴苦情。史渭忙問其故，衆老翁道："吾等乃地方上一百位百歲老者，只因前縣令高登挖斷丹沙井千年靈根，造成災荒四野，民不聊生，地方不得安寧。今來特請大人做主，興利除弊，扶正靈根，安撫地方，造福鄉梓，則百姓幸矣。"史渭忙問可用何法。衆老翁道："吾等願捐微力，共作'百壽圖'一幅，請大人鐫於丹沙井側，則地方安寧矣。"史渭醒來，細究夢中情由，即差人四鄉尋訪，果然訪得一百位老者，且每人皆捐一"壽"字，各不相同。史渭即選工匠于丹沙井旁之夫子岩內鐫成《百壽圖》，果然災荒消除，地方安定。

7.草字头(艹)

读释义　知起源

甲骨文　金文　小篆　隶书　楷体

大家对《赋得古原草送别》这首诗很熟悉吧！你们知道吗？诗中的这个“草”字，甲骨文和金文的写法就像春回大地、百草丛生的样子，所以它是个象形字。但是小篆之后，就变成上形下声的形声字了。

“草”是个部首字，在汉字中，由“艹”字组成的字大都与植物有关，例如“芝、菜、荷”等。

金文　小篆　隶书　楷体繁　楷体简

大家不知道吧？“叶子”的“叶”原本也是草字头的字（葉）。如果你认识它的繁体字，这个问题就难不倒你啦！“葉”最初是象形字。它的金文像一棵大树，树上部的小点就是树叶，下部是“木”，表树身。小篆的写法，就能明显地看出表意的草字头。

“葉”与“叶”原是不同的两个字。“叶”本是“协”的异体字，后来作为“葉”的简体字。

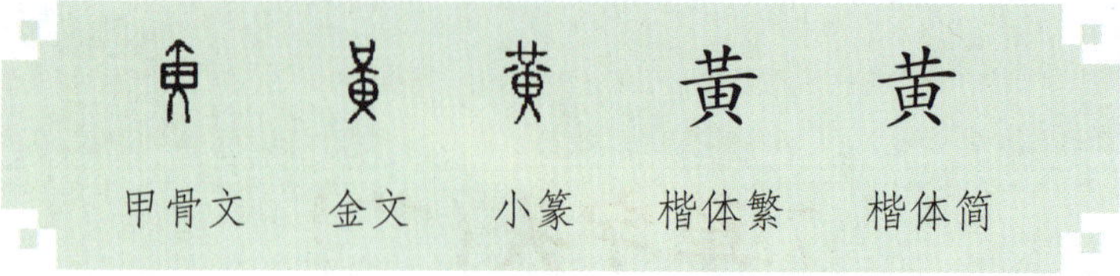

甲骨文的“黃（黄）”像一张展开的兽皮，头、腹、腿俱全。金文的“黄”比甲骨文要复杂一些，但已经和简化字很像了。小篆与金文基本相同。

“黄”字的本义是指展开的兽皮，晒干可用。“黄”还是“璜”的本字，指半壁形的玉。后来引申为黄色。古代书籍中用“黄”字组成的词很多，大家要细心区别哦！你们知道古代表示雏鸟的是哪个词吗？是“黄口”，因为幼鸟的口角是黄色的。古人说的“黄发”可不是指把头发染黄了，而是指老人，因为老人的头发是由黑变黄，再由黄变白的。

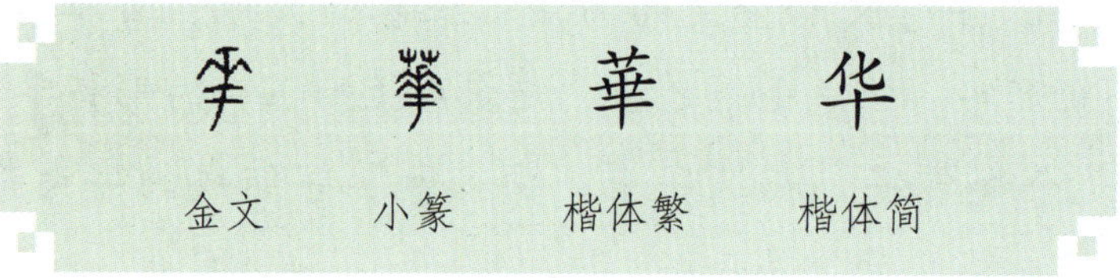

很少有人会把“华”和“花”的意思相联系吧？仔细观察，“華（华）”的金文上部就像花的形状，下部是花蒂。小篆仍然能看出花形，上面的草字头很明显，表示花多属草本。楷书繁体字笔画较多。简化后“十”表意，有达到顶点的意思，说明花完美；“化”表声，也表示花是大自然美的化身。

“华”字的本义就是花。在古代，树木开的花叫做“华”，草开的花叫做“荣”。因为花有各种颜色，所以黑白相间的头发称为“华发”。要注意哦，“华”是多音字，当地名或姓氏时有时读作huà。

我是小博士

读一读，排一排（按声母的顺序排列）

蕩　蒼　蓮　蘇　莖　蘊

（　）→（　）→（　）→（　）→（　）→（　）

读一读，选一选

藍莓　蓮藕　蘿蔔　黄瓜　香蕉　鳳梨　蘋果　芥蘭

屬於蔬菜的有：　　屬於水果的有：

动动手，连一连

藝　藥　艺

藥　藝　药

古诗美读

賦得古原草送別

（唐）白居易

離離原上草，
一歲一枯榮。
野火燒不盡，
春風吹又生。

名句诵读

與其用華麗的外衣裝飾自己，不如用知識武裝自己。

——（德）馬克思

我以我血薦軒轅。

——魯迅

展示台（请把你喜欢的繁体字写下来）

故事会

莊周夢蝶

從前有一天，莊周夢見自己變成了蝴蝶，一隻翩翩起舞的蝴蝶。自己非常快樂，悠然自得，不知道自己是莊周。突然夢醒了，卻是僵臥在床的莊周。不知是莊周做夢變成了蝴蝶呢，還是蝴蝶做夢變成了莊周？

[原文]

昔者莊周夢爲胡蝶，栩栩然胡蝶也，自喻适志與！不知周也。俄然覺，則蘧蘧然周也。不知周之夢爲胡蝶與，胡蝶之夢爲周與？

選自《莊子·齊物論》

毛遂自薦

平原君是戰國時期名望很高的人，據說他的門客有數千人之多。其中有一個門客叫毛遂，身份非常低微，埋沒於衆多門客之中。

一次，平原君受趙國之托到楚國請求救兵，一起抵禦秦國的侵略。平原君精心挑選有能力的門客，正缺一人的時候，毛遂自告奮勇地說：“我認爲自己符合去楚國的條件，請帶我去吧！”平原君看了看他，說：“我聽人家說，有才能的人就像口袋裏的錐子一樣，很快就會刺破口袋顯露出來。但是你在我這裏已經這麼久了，大家都不知道你能幹什麼，可見你的才能很一般。”毛遂卻說：“我之所以沒有顯露出來，是因爲你根本沒有把我放在口袋裏。”平原君聽了他的話，覺得他很聰明，很有膽量，於是就帶上了他。

在楚國談判毫無進展的時候，毛遂帶著劍徑直走到楚王跟前，闡述利害關係，用言語緊逼楚王出兵。而其他門客都無所作爲。毛遂就這樣得到了平原君和其他門客的尊重，一舉成爲平原君府上最有名的門客之一。

8.双人旁（彳）

读释义　知起源

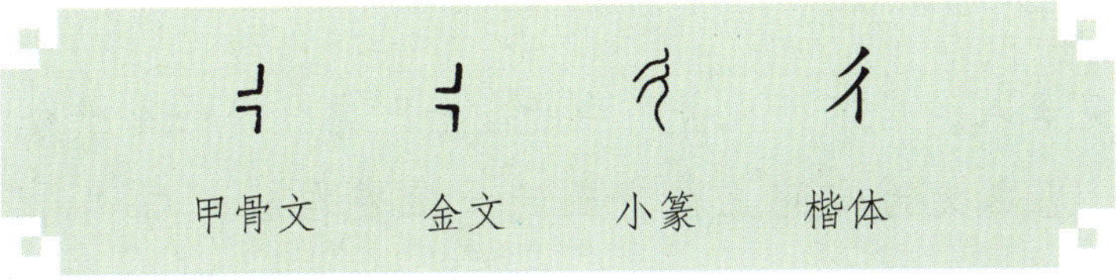

“彳（chì）”是个象形字。甲骨文里的字形就是“行”字的左半边。“彳”字一般不单独使用，它经常与“亍（chù）”字连在一起组成一个词语（彳亍），表示小步走或走走停停的意思。

“彳”是个部首字。由“彳”组成的字，大都与行为动作有关，如“行、御、徒、徙”等。

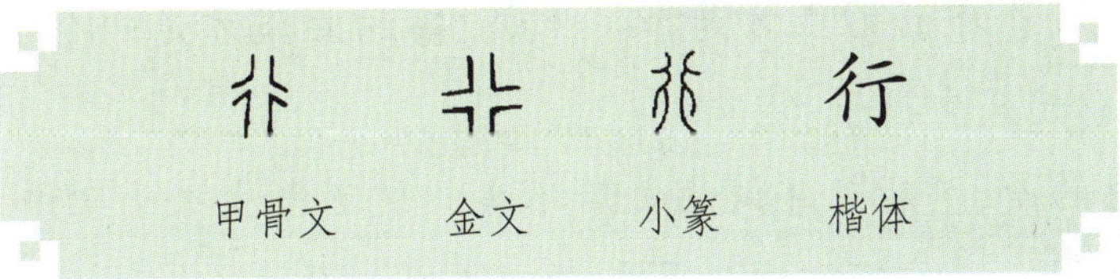

“行（xíng）”的用法较多。它的基本义是走路、行走。“三人行，必有我师焉”的意思就是：三个人同行，其中必定有我的老师。它也常用于指出游、出动（如“出行”），作形容词时意思是外出时的、出行时的，如“行色匆匆”的意思就是：出行时的神态十分匆忙。

“行”成字之初原本读作“háng”，意思是道路。

“行（háng）”是个象形字，构形比较简单。甲骨文和金文中的“行”字虽然是寥寥几笔，但却描绘出了一个十字路口或通行道口的样子，路口周围是四通八达的道路，从而很好地表示出了这个字的本义。

“行”由道路这个意思又可以引申为路程。同时由于道路是供人们行走的，所以“行”又被引申为走的意思。表示这些意思的时候读“xíng”。

甲骨文　金文　小篆　楷体

“前不见古人，后不见来者”中的“后”字，是一个十分常用的表示方位的字，基本义为空间上在背面的、位置在后，与“前”相对。如“以攻其后”，意思就是：以便于从后面进攻它。它还可以指时间上在未来的、较晚的，跟“先”相对，如“先来后到”。它还有次序靠近末尾的意思，如“后面三个”。

实际上，在古代，这些意思都属于另一个字——“後”，而跟最初的“后”字毫不相干。要真正读懂这个字，就需要分别解析“后”“後”二字了。

“后”是个象形字。甲骨文中的“后”字，描绘的是一个妇女正在生孩子时的情景：字的右上方是个“女”；字的右下方是一个小孩的象形。“后”的原意就是生孩子。

有意思的是，“后”字诞生之后不久，就不当生孩子来讲了，而是变成了一个名词——首领。这又是怎么回事呢？原来，“后”字诞生于母系氏族社会时期，那还是蛮荒时代，社会生产力水平极其落后，一个氏族的兴衰，很大程度上取决于人口的多少。因此，超强的生育能力就自然成为一个氏族首领必备的素质，反过来，这种能力也是维系首领地位的最重要的法宝。所以，人们就用“后”字来表示首领。进入父系氏族社会以后，父权制取代了母权制，氏族首领也由妇女变成了男子。但“后”字的字形却没有发生相应的变化。

後 后

甲骨文 金文 小篆 楷体繁 楷体简

“後（后）”原本是一个会意字。其甲骨文字形，上部为绳索的样子（幺），下部是反写的“止”，表示脚。脚被绳索束缚住了，就不能顺利前行了，因而有行路迟缓的意思。所以“後”的本义是走在后面、迟到。

到了金文阶段，左边又加了一个表示行走的形部“彳”，“後”字由此变为了形声字。小篆中“後”字的写法，是由金文的字形发展而来的，其各个部分的比例更为协调。此后的隶书、楷书中的“後”字，都缘于此形状。

后来为了书写简便，“後”被简化成了“后”。

我是小博士

读一读，找一找（圈出繁体字，再写出简体字）

1. 远上寒山石徑斜，白云生处有人家。 （　　　）
2. 見说蚕丛路，崎岖不易行。
   山從人面起，云傍马头生。 （　　　）
3. 很多外国朋友都来中国学习武術。 （　　　）

动动手，连一连

	後	卫
	從	后
	衛	从

读一读，选一选

術——術语　　①技艺　②专门用语　　（　　）

從——從征　　①跟随　②从事　③服从（　　）

我是小书童

古诗美读

從軍行

（唐）王昌齡

烽火城西百尺樓，
黄昏獨坐海風秋。
更吹羌笛關山月，
無那金閨萬里愁。

经典诵读

犬守夜，雞司晨。苟不學，曷爲人？
蠶吐絲，蜂釀蜜。人不學，不如物。
幼而學，壯而行。上致君，下澤民。
揚名聲，顯父母。光于前，裕於後。

選自《三字經》

展示台（请把你喜欢的繁体字写下来）

故事会

精衛填海

炎帝有一個女兒，叫女娃。女娃十分乖巧，黄帝視她爲掌上明珠。

炎帝不在家時，女娃便獨自玩耍。她非常想讓父親帶她出去，到東海——太陽升起的地方去看一看。可是因爲父親忙於公事，總是不能帶她去。

這一天，女娃沒告訴父親，便一個人來到東海，駕著一隻小船，向太陽升起的地方劃去。不幸的是，海上突然起了狂風大浪，像山一樣的海浪把女娃的小船打翻了，女娃不幸落入海中，被無情的大海吞沒，永遠回不來了。

女娃死後，她的精魂化作一隻小鳥，花腦袋，白嘴殼，紅腳爪，發出“精衛、精衛”的悲鳴，所以，人們便叫此鳥爲“精衛”。

精衛痛恨無情的大海奪去了自己年輕的生命，她要報仇雪恨。因此，她一刻不停地從她住的發鳩山上銜了一粒小石子，展翅高飛，一直飛到東海。她在波濤洶湧的海面上回翔著，悲鳴著，把石子投下去，想把大海填平。

大海奔騰著，咆哮著，嘲笑她：“小鳥兒，算了吧，你就算幹一百萬年，也休想把我填平！”

精衛回答道：“哪怕是幹上一千萬年，一萬萬年，幹到宇宙的盡頭，世界的末日！”

“你爲什麼這麼恨我呢？”

“因爲你奪去了我年輕的生命，你還會奪去許多無辜的生命。我要永無休止地幹下去，總有一天會把你填成平地！”

精衛飛翔著，鳴叫著，又飛回發鳩山去銜石子和樹枝。她銜呀，扔呀，成年累月，往復飛翔，從不停息。

精衛鍥而不捨的精神、善良的願望、宏偉的志向，受到人們的尊敬。

9.三点水（氵）

读释义　知起源

“水”是象形字。甲骨文和金文的写法，字形十分优美：中间弯弯曲曲的折线，就像河流中心湍急的水流；两边散落的四个小点儿，就像河流靠岸的地方比较缓慢的水流，也可以理解为一朵朵漂亮的浪花。古人把想象和现实结合在一起，使得“水”字动感十足。小朋友，你们说古人是不是很了不起呀？

为了让字形更加匀称美观，小篆的“水”中间的折线变成了平滑的曲线，上面的两个点变成了两个开口向左的圆弧，下面的两个点也变成了两条曲线。隶书之后，“水”字发生了变化：中间的水流变成了竖钩，两边的点被写成了横撇和点、捺。

“水”是个部首字，作左边部首时写作“氵”。由“水”所组成的字大都与水有关，如“泳、沉、沙、涉、浴”等。

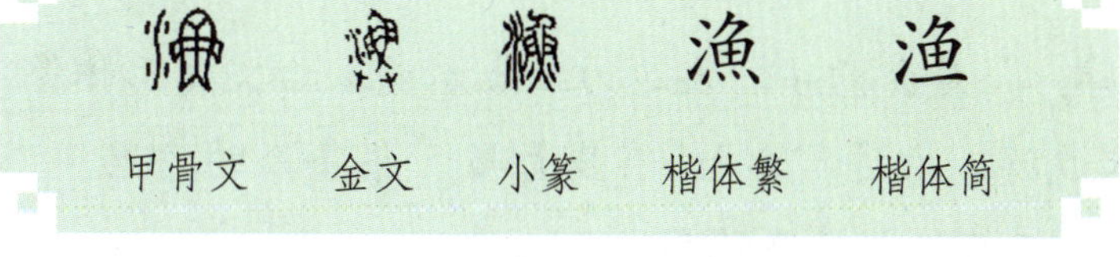

“漁（渔）”在甲骨文中是个会意兼形声字。说它会意，左“水”右

“鱼”，是在水中捕鱼的意思。说它形声，左形（水）右声（鱼），十分典型。金文中的形体繁杂多了，但会意的意味更浓，上部的左边是“水”，上部的右边是“鱼”，下部是两只大手，表示在水中捞鱼摸虾就叫“渔”。小篆之后去掉了双“手”。小朋友，你们看，古人在造字的过程中还要不断地修改呢！

在古代，“渔”用作打鱼义是很普遍的。“渔火”专门指渔船上的灯火。“渔猎三史”的意思是“涉猎三史”，也就是博览三史的意思。

“濕（湿）”是会意字。甲骨文中，右边本为丝连接之形，左边是“水”，意思是水将丝渗湿。金文在“丝”的下面增加了一个“土”字，表示土湿。《说文解字》中说：“湿，幽湿也。”也就是渗湿的意思。也可以引申为潮湿的意思。

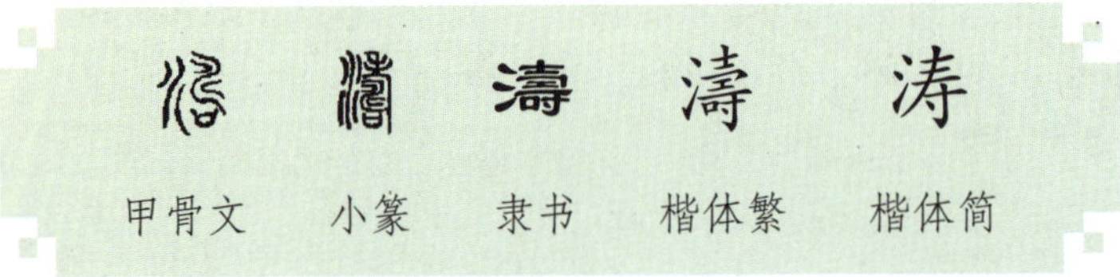

“濤（涛）”是会意字。左边为三点水旁，古文字形体像河流，表示河流会掀起波涛。右边“壽”，有岁月多、年事高的意思。“涛”表示大波浪不但多，而且掀起的浪花高。

我是小博士

读一读，找一找（圈出繁体字，再写出简体字）

1. 黄河波濤滚，中流望三門。巍巍一砥柱，悠悠民族魂。
（　　　　　）

2. 大雨过后，濕潤的泥土发出阵阵清香。（　　　　　）

3. 满漢全席體現了中國美食文化的精髓。（　　　　　）

动动手，连一连

	濟	满
	滿	汉
	漢	济

读一读

波濤　淺顯　羞澀　濕潤　濟南　濃郁

潔淨　漁民　情況　漲滿　漢語　淩寒

濫竽充數　波濤洶湧　洶湧澎湃　波瀾壯闊

选一选

1. 濫—濫竽充數　①泛滥　②失实的，假的　（　　）

2. 濃—濃郁　①农业　②繁密　（　　）

我是小书童

古诗美读

春夜喜雨

（唐）杜　甫

好雨知時節，當春乃發生。
隨風潛入夜，潤物細無聲。
野徑雲俱黑，江船火獨明。
曉看紅濕處，花重錦官城。

经典诵读

曰黄道，日所躔。曰赤道，當中權。
赤道下，溫暖極。我中華，在東北。
曰江河，曰淮濟。此四瀆，水之紀。
曰岱華，嵩恒衡。此五嶽，山之名。

選自《三字經》

展示台（请把你喜欢的繁体字写下来）

成语小故事

濫竽充數

古時候，齊國國君齊宣王愛好音樂，尤其喜歡聽吹竽，手下有三百個善於吹竽的樂師。齊宣王喜歡熱鬧，所以每次聽吹竽的時候，總是叫這三百個人在一起合奏給他聽。

有個南郭先生聽說了齊宣王的這個癖好，就跑到齊宣王那裏去，吹嘘說："大王啊，我是個有名的樂師，聽過我吹竽的人沒有不被感動的，就是鳥獸聽了也會翩翩起舞，花草聽了也會合着節拍顫動。我願把我的絕技獻給大王。"齊宣王聽得高興，不加考察，很爽快地收下了他，把他編進那支三百人的吹竽隊中。

這以後，南郭先生就隨那三百人一塊兒合奏給齊宣王聽，和大家一樣享受著優厚的待遇，心裏得意極了。

其實南郭先生撒了個彌天大謊，他壓根兒就不會吹竽。每逢演奏的時候，南郭先生就捧着竽混在隊伍中。人家搖晃身體，他也搖晃身體，人家擺頭，他也擺頭，看上去和別人一樣吹奏得挺投入，還真瞧不出什麼破綻來。南郭先生就這樣靠著矇騙混過了一天又一天。

過了幾年，齊宣王死了，他的兒子齊湣王繼承了王位。齊湣王也愛聽吹竽，可是他和齊宣王不一樣，喜歡聽獨奏。齊湣王發佈了一道命令，要這三百個人一個個輪流吹竽給他聽。樂師們接到命令後都積極練習，只有那個濫竽充數的南郭先生急得像熱鍋上的螞蟻，惶惶不可終日。他想來想去，覺得這次再也混不過去了，只好連夜收拾行李逃走了。

我发现了一个认识繁体字的好方法！你们想知道吗？告诉你：只要认识这个字其中一个部件的繁体，就可以大胆地猜一猜了。不信？那就试一试吧！

10.门字框（门）

读释义　知起源

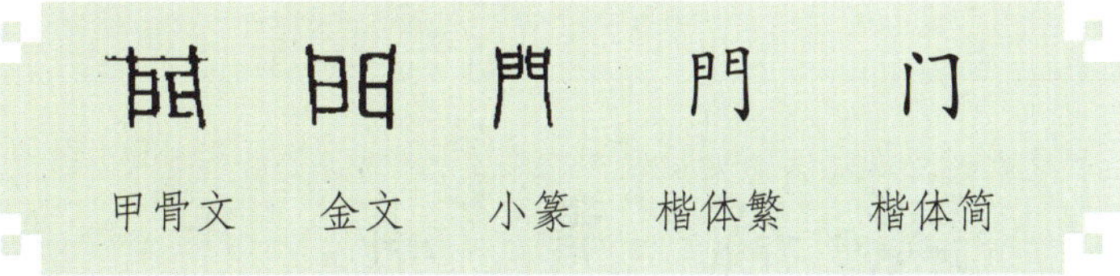

“門（门）”是个象形字。甲骨文中的字形，就是一座大门的写照：上面的一横表示横木；左右两竖表示门轴；中间的两个“日”就是两扇门面的象形。发展至金文阶段，上面的横梁被去掉了，此后各种字体中“門”，都是由此发展而来的。后来，“門”被简化成了“门”。

“门”也是一个常用的量词，如“一门课”。另外，它还是个常用的部首字，门字框的字，多与门洞或门的用途有关，如“闭、闯、闪”等。

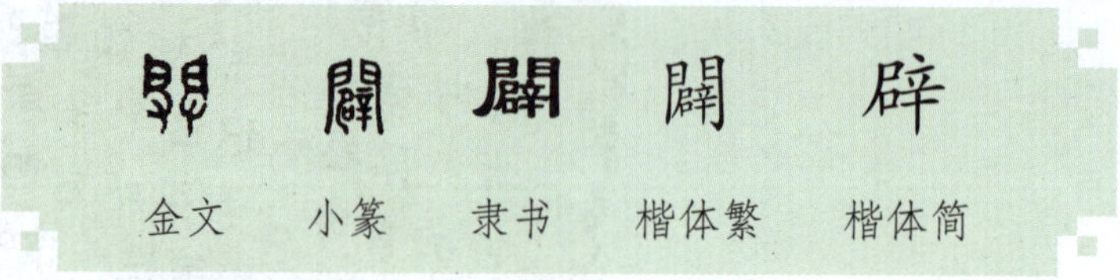

“闢（辟）”原本是个会意字。金文由上、下两部分组成：上边是门，下边是一双呈左右向外推状的手。两部分合起来，就表示用手把门推开，从而将“闢”的本义“打开、开启”表达明白了。

发展至小篆，字形发生了变化，成了外“門”内“辟”的半包围结构，从而成为形声字。从小篆开始，它的写法基本都是“門”和“辟”的组合。后来，“闢”被简化成为“辟”。

由本义进行引申，“辟”便有了开拓、开辟等意思，如“开天辟地”。再进行深层引申，还可以解释为屏除、驱除、驳斥等，如“辟邪”。

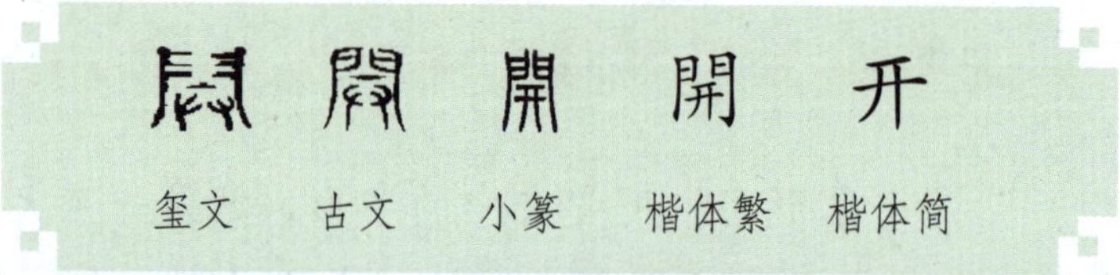

“開（开）”是个会意字。玺文和古文的形体，外部是两扇大门，内部的一横是门闩，下面是一双手，表示用双手拉开门闩。小篆的“開”内部发生了许多变化。“開”后来简化为“开”。

“开”的本义是开门。由此又可以引申为展开、张开，如“开花、扣子开了”。

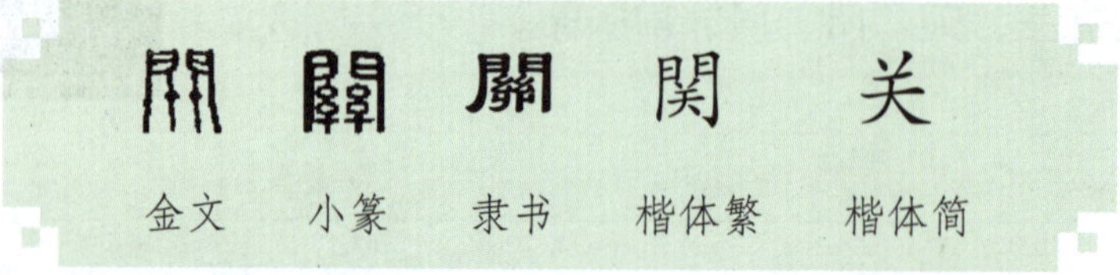

“関（关）”是个会意字。金文的形体，外为门形，门中有一对门

闩，表示关门的意思。所以“关”的本意就是门闩，后引申为关闭门窗的动作。“门虽设而常关”的意思就是：虽然安了两扇大门，但又常关闭着。“关”又可以引申为关口。如李白《蜀道难》：“一夫当关，万夫莫开。”在古籍中常用“关山”一词，一般是指关隘山川，如《木兰诗》：“万里赴戎机，关山度若飞。”

我是小博士

读一读，找一找（圈出繁体字，写出简体字）

1. 春节时，家家户户都热热鬧鬧的，沉浸在欢乐祥和的气氛中！ (　　　　)
2. 今天庙会，人们来来往往，宽闊的马路都装不下了。 (　　　　)

动动手，连一连

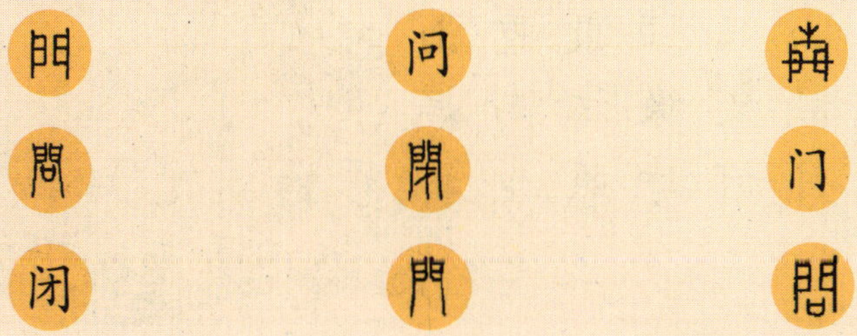

读一读，选一选

門碰盆（繞口令）

陳誠捧門門很沉，
程晨捧盆盆盛粉。
陳誠的門碰程晨的盆，
盆裏的粉被碰出了盆。
碰出的粉，弄髒了門。
程晨恨，陳誠哼：
怪盆，怪粉，還是怪門沉？

我是小书童

古诗美读

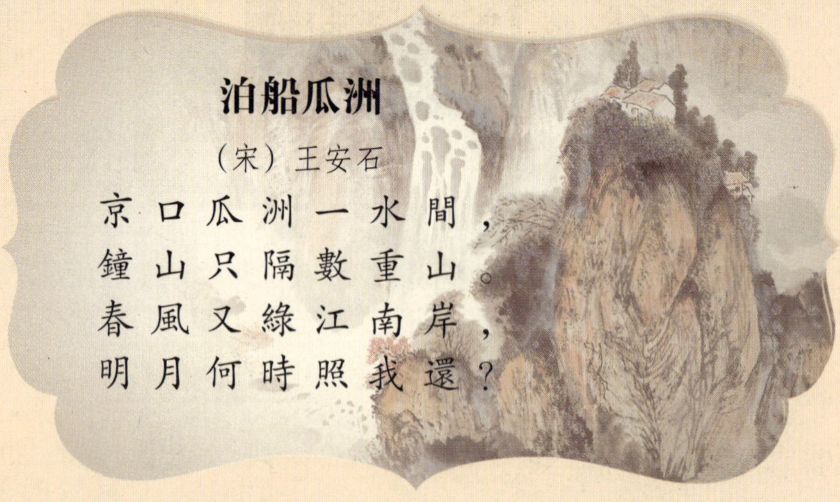

泊船瓜洲

（宋）王安石

京口瓜洲一水間，
鐘山只隔數重山。
春風又綠江南岸，
明月何時照我還？

经典诵读

首孝悌，次見聞。知某數，識某文。
一而十，十而百。百而千，千而萬。
三才者，天地人。三光者，日月星。
三綱者，君臣義。父子親，夫婦順。

選自《三字經》

展示台（请把你喜欢的繁体字写下来）

成语故事

程門立雪

楊時從小就聰明伶俐，四歲入村學，七歲就能寫詩，八歲就能作賦，人稱神童。他十五歲時攻讀經史，熙寧九年登進士榜。他一生立志著書立說，曾在許多地方講學，備受歡迎。居家時，長期在含雲寺和龜山書院潛心攻讀，寫作教學。

有一年，楊時赴任瀏陽縣令途中，不辭勞苦，繞道洛陽，拜師程頤，以求學問上進一步深造。有一天，楊時與他的學友游酢，因對某問題有不同看法，爲了求得一個正確答案，一起去老師家請教。

時值隆冬，天寒地凍，濃雲密佈。他們行至半途，塑風凜凜，瑞雪霏霏，冷颼颼的寒風肆無忌憚地灌進他們的領口。他們把衣服裹得緊緊的，匆匆趕路。來到程頤家時，適逢先生坐在爐旁打坐養神。楊時二人不敢驚動老師，就恭恭敬敬侍立在門外，等候先生醒來。

這時，遠山如玉簇，樹林入銀妝，房屋也披上了潔白的素裝。楊時的一雙腳凍僵了，冷得直發抖，但依然恭敬侍立。過了良久，程頤一覺醒來，發現了站在風雪中的楊時和游酢。只見他倆通身披雪，腳下的積雪已一尺多厚了。程頤趕忙起身迎他倆進屋。

後來，楊時學得程門理學的真諦，東南學者推楊時爲“程學正宗”，世稱“龜山先生”。此後，“程門立雪”的故事就成爲尊師重道的千古美談。

11.广字框(广)

读释义　知起源

金文　小篆　隶书　楷体

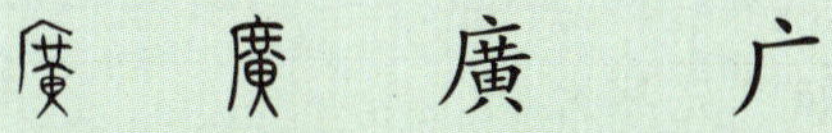

金文　小篆　楷体繁　楷体简

“广”是部首字，也是独体字。在甲骨文与金文中的写法像屋墙、屋顶，指的是依山崖建造的房屋，读作yǎn。以“广”做部首的字，很多与高大的建筑有关，如“庞、库、庄”等。“广”又是“廣”的简化字。

甲骨文　金文　小篆　楷体繁　楷体简

甲骨文的“慶（庆）”字，左边是“文”，右边是一只头朝上的“鹿”，表示的是身上有花纹的美丽的鹿。可见“庆”字本身是一个会意字。金文的形体，“文”移于“鹿”的腹部，变为“心”。小篆的形体，鹿尾变成了“夊（脚）”。后来，“慶”简化为“庆”。

《说文解字》说：“庆，行贺也。”这大概不是其本义。由甲骨文来看，“庆”的本义应该是美鹿，而行贺可能是引申义。后来本义渐渐消失，多用其庆贺、祝贺等引申义，后由庆贺又引申为奖赏。

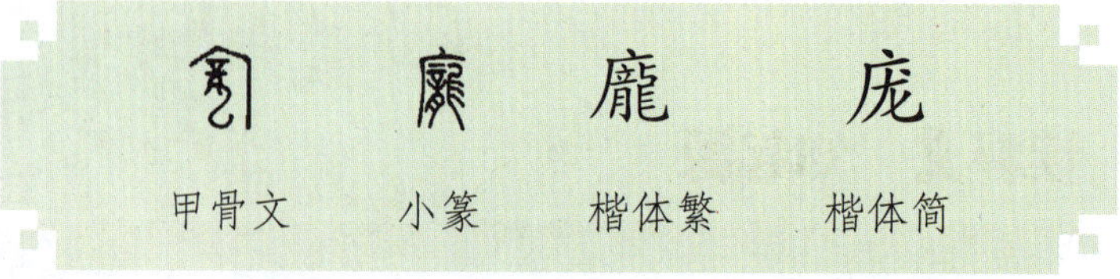

“龐（庞）”是个会意字。甲骨文的字形，表示在屋子下面有一条巨龙，意味着这屋子实在高大。小篆的形体，其中的“龙”变得不像龙了，笔画非常复杂。繁体字和小篆的字体相似。后来，“龐”简化为“庞”。

《说文解字》说：“庞，高屋也。”这个本义在后来渐渐消失，而多用高大这个引申义了，如“庞然大物”。

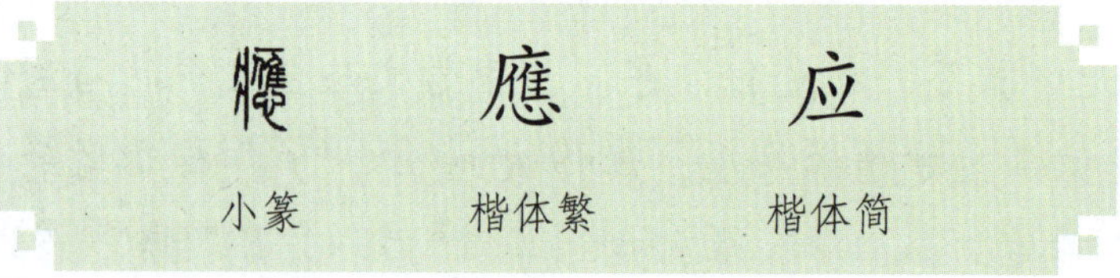

“應（应）”是个形声字，下面的“心”表意，表示心里认为是如此的；上面的部分表声，是合群的候鸟，取其合的意思。本义是应该，如“理所应当、理应如此”。

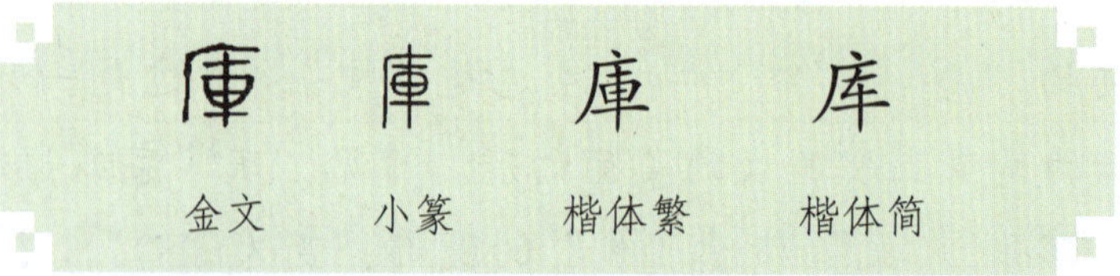

“庫（库）”是个会意字。金文中，“广”指房屋，“車”指一辆车，合起来表示藏兵甲战车的屋舍。本义就是收藏兵器或兵车的大房子。泛指收藏钱、粮、物品的建筑，如“仓库、国库、水库”。

塵　尘

甲骨文　小篆　楷体繁　楷体简

“塵（尘）”是个会意字。甲骨文中，上面是“鹿”，下面是“土”，表示鹿群奔跑时扬起的尘土。本义就是飞扬的细土，如“灰尘、沙尘暴”。“尘”是“塵”的简化字。

我是小博士

读一读，找一找（找出繁体字，再写出简体字）

1. “三十功名塵与土”，这是谁的诗句呢？

（　　　）——（　　　）

2. 在自然博物馆的展览大廳里，我们看到了龐大的恐龙骨架。

（　　　）—（　　　）　（　　　）—（　　　）

3. 古人说：“三十而立 。”长大之后,應居有定所、作息有常、事业专注。此刻，父母才能稍稍心安。古人又说：“少而不学长无能。”为人子女于年少之时，当努力自强，切勿荒廢时光，空过一生。

（　　）—（　　）（　　）—（　　）.

动动手，连一连

　　塵　　应

　　慶　　尘

　　應　　庆

读一读，选一选

1. 廣—— 大庭广众

①面积宽阔　②多　③扩大，扩充　（　　）

2. 廢——半途而废

①不再使用；不再继续　②荒芜；衰败

③没有用的或失去了原来的作用的　④肢体伤残

（　　）

3. 廬——庐舍

①简陋的房屋　②指庐州（旧府名，在今安徽合肥）

（　　）

古诗美读

春 望

（唐）杜 甫

國破山河在，城春草木深。
感時花濺淚，恨別鳥驚心。
烽火連三月，家書抵萬金。
白頭搔更短，渾欲不勝簪。

望洞庭

（唐）劉禹錫

湖光秋月兩相和，潭面無風鏡未磨。
遙望洞庭山水色，白銀盤裏一青螺。

经典诵读

若廣學，懼其繁。但略說，能知源。
爲學者，必有初。小學終，至四書。

選自《三字經》

展示台（请把你喜欢的繁体字写下来）

12.四点底（灬）

读释义　知起源

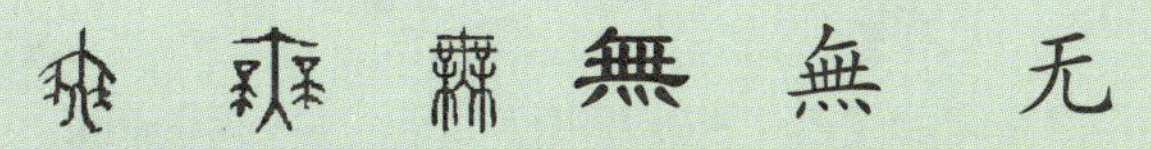

甲骨文　金文　小篆　隶书　楷体繁　楷体简

“無（无）”是象形字。甲骨文的字形，看上去就像一个人双腿分立，脚尖踮起，双臂分开，两只手各拿着一串诸如牛尾、草把、鸟翎或者其他兽类的尾巴的东西，翩翩起舞。

金文之后这个字兵分两路，逐渐演变成为两个字：一路发展成为“舞”；另一路则逐渐演变，至秦代的小篆阶段，变成了“無”，字形比金文更为规整。到了隶书和楷书阶段，它的写法完全笔画化。汉字简化时，“無”简化为“无”。

“無（无）”的本义是跳舞，字形分化后变成了没有之义，如“无情、无法、无心之失”。由没有之义引申为“不”的意思，如“无论、无须”。

“魚（鱼）”是个典型的象形字。甲骨文中就像一条鱼的形状，上头下尾，背部和腹部各有一条鳍。直到小篆，我们依然能从这个字中看到鱼的模样。

“鱼”是部首字，由“鱼”组成的字，大都与鱼有关，如“鲁、鲢、鲫、鲜”等。

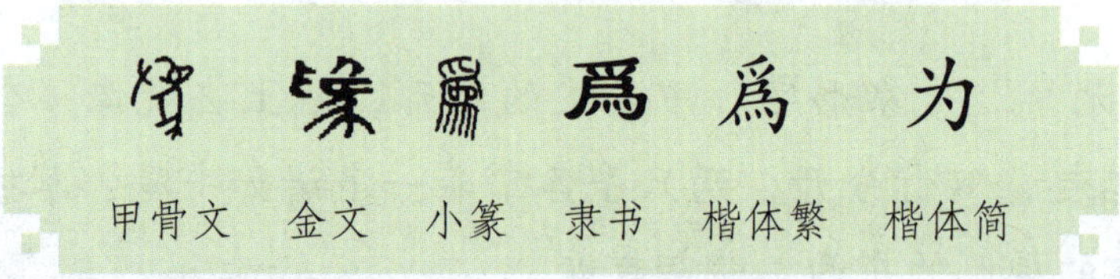

“爲（为）”是个会意字。仔细看看，就不难发现甲骨文中的“为”，右面是一头大象，大象的鼻子左边，画了一只手。两部分合起来，就表示用手牵着大象。这是在干什么呢？原来，在上古时期，我们的祖先就成功地驯化了大象，使它成为了人类生产劳动中的得力助手，就是所谓的“役象以助劳”。所以“为”的本义就是牵着大象去劳动。

在金文中，原来表示手的三杈状图案变成了爪状。发展到隶书阶段，“为”字的写法完全笔画化。如果不了解它的演变历史，是不可能看出它的本义的。

但是由于它的结构十分复杂，不容易识记和书写，后来人们根据唐代书法家怀素的草书字形，将“爲”简化为“为”。

我是小博士

读一读，找一找（圈出繁体字，写出简体字）

1. 星期天，我们到内蒙古大草原，牧民伯伯熱情地接待了我们。（　　　　）

2. 我看见一群駿馬在一望无际的大草原上奔驰。（　　　　）

动动手，连一连

魚　　鳥

读一读，选一选（找出每组成语中相同的繁体字）

無中生有　無處不在　無精打采　無動於衷（　　　　）

如魚得水　魚米之鄉　魚目混珠　魚貫而入（　　　　）

熱血男兒　熱血沸騰　熱氣騰騰　熱淚盈眶（　　　　）

馬到成功　汗馬功勞　馬不停蹄　人仰馬翻（　　　　）

鳥盡弓藏　百鳥朝鳳　鳥語花香　驚弓之鳥（　　　　）

古诗美读

七 步 詩

（三國）曹 植

煮豆持作羹，漉菽以爲汁。
萁在釜下燃，豆在釜中泣。
本是同根生，相煎何太急。

经典诵读

養不教，父之過。教不嚴，師之惰。
子不學，非所宜。幼不學，老何爲？
玉不琢，不成器。人不學，不知義。
爲人子，方少時。親師友，習禮儀。

選自《三字經》

展示台（请把你喜欢的繁体字写下来）

金文欣赏

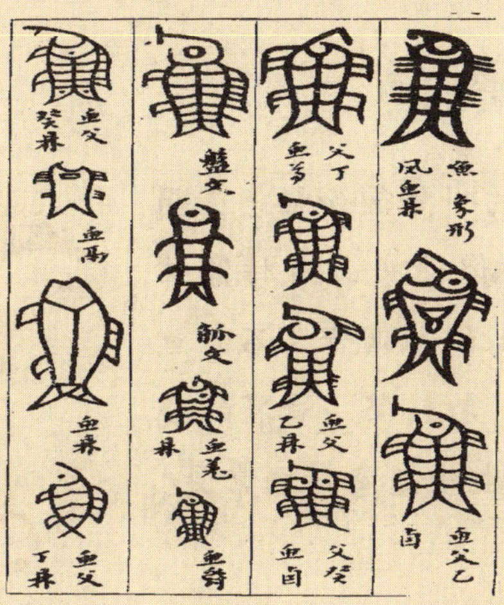

鱼

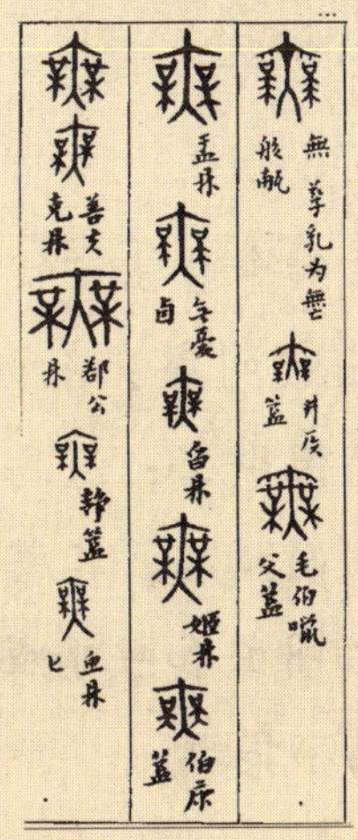

无

小知识

“为”字中的历史文化

象的躯体魁伟庞大，是世上现存最大的陆地动物。但象并不笨拙，它生性聪明，通人性，虽行动缓慢，但跋山涉水如履平地。所以，盛产大象的亚非地区自古就有利用象做运输工具、当邮差的传统。据考证，首先被驯化的是亚洲象，主要用于农业。

“为”字的造字结构就告诉人们这样一段历史：在殷商时期，我国黄河流域中原地区气候湿热，大象大量繁生。我们的祖先很好地利用了这种动物，成功地将其驯化，使之像今天的牛、马一样帮人劳动。

另外，大象那让人望而生畏的体态、巨力更是兵家青睐的战斗力，它被很多国家当做有力的作战武器。大约在公元前12世纪左右，中国的商朝人最先将象编入军队。传说，暴君商纣王就曾用战象讨伐东夷。

會發聲的魚

康吉鯉會發出“吠”音；電鯰的叫聲猶如貓怒；箱鲀能發出犬叫聲；鲂鮄的叫聲有時像豬叫，有時像呻吟，有時像鼾聲；海馬會發出打鼓似的單調音。石首魚類以善叫而聞名，其聲音像轆軋聲、打鼓聲、蜂雀的飛翔聲、貓叫聲和呼哨聲，其叫聲在生殖期間特別常見，目的是爲了集群。

海馬

會發電的魚

有些魚類的身體能發電，它們放出的電壓，竟比我們生活用電的電壓大好幾倍。具有發電能力的魚約有五百種之多，如電鱔、電鯰、電鰻、電鰩等。

黑斑雙鰭電鰩

各種發電的魚，它們發出的電流強弱和電壓高低都不同。電鰩身體又扁又圓，帶著一條長長的尾巴，活像一把團扇。生活在非洲尼羅河的電鯰，身體只有1米長，卻能發出350伏的高壓電。

會發光的魚

有些魚類会發光。我國東南沿海的帶魚和龍頭魚是由身上附著的發光細菌來發光，而更多的魚類則是由魚本身的發光器官來發光。

燭光魚的腹部和腹側有多行發光器，猶如一排排的蠟燭，故名燭光魚。深海的光頭魚頭部背面扁平，被一對很大的發光器所覆蓋，該大型發光器可能就起視覺的作用。

會爬樹的魚

攀鱸

攀鱸棲息於靜止、水流緩慢、淤泥多的水體。當水體乾涸或環境不適時，它們常依靠擺動鰓蓋、胸鰭或翻身等辦法爬越堤岸、坡地，移居新的水域，或者潛伏於淤泥中。攀鱸的鰓上器非常發達，能呼吸空氣，故離水較長時間而不死。攀鱸以小魚、小蝦、浮游動物、昆蟲及其幼蟲等爲食。爲了捕食空中的昆蟲，它常依靠頭部發達的棘、鰓蓋、胸鰭等器官攀爬上岸邊樹叢。

會“飛”的魚

花鰭燕鰩

燕鰩魚體長而扁圓，略呈梭形。一般體長20至30釐米，體重400克至1500克。背部頗寬，兩側較平至尾部漸變細，腹面甚狹。頭短，吻短，眼大，口小。牙細，上下頜成狹帶狀。背鰭一個，於身體後部與臀鰭相對。胸鰭特長且寬大，可達臀鰭末端；腹鰭大，後位，可達臀鰭末端。兩鰭伸展如同蜻蜓翅膀。燕鰩鱼可以在高速游動中躍出水面，并借助長長的鱼鰭在空中滑翔一段距离，遠遠看過去，就好像在空中飛翔。

13.贝字旁(贝)

读释义　知起源

“貝（贝）”是象形字。甲骨文的形体像一个打开了壳的贝。今天的贝并没有什么可珍贵的，但是在上古时代可是一宝，因为它们被人们当做货币使用。

“贝”是个部首字，由“贝”组成的字，大多与钱财或贵重意义有关，如“财、货、贸、资”等。

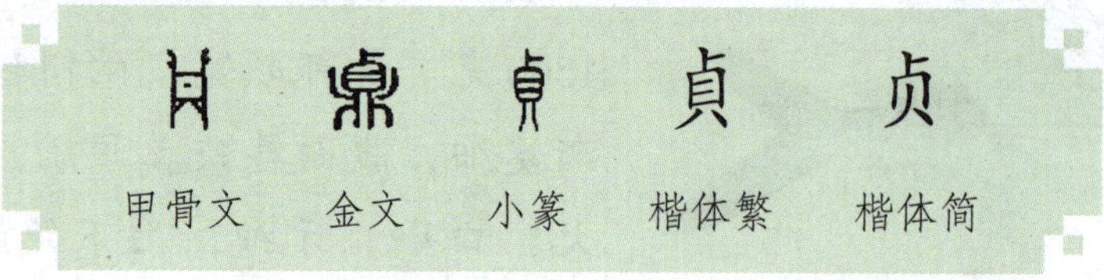

“貞（贞）”是一个会意字。甲骨文中的“贞”字实际上就是“鼎”字。鼎是上古时期供烹饪用的一种炊具，后来又成为祭祀用的礼器。古人在占卜时，就用它来烧炙龟甲兽骨。所以古人就用它的象形，来表达占卜之义。

金文中的“贞”字，还是上“卜”下“鼎”的结构。小篆中的“贞”字，下面的“鼎”变成了“贝”，这纯粹是为了书写方便，并不影响字义。此后直至简化字，“贞”字的变化都与“卜”“贝”二字的变化呼应。

由于古代用做占卜之火具的鼎一般都是由青铜铸成的，又大又重，且十分坚硬，很难搬动，因此“贞”字又被引申为坚硬、坚劲等意思，并进一步引申出坚定、忠贞等意思。

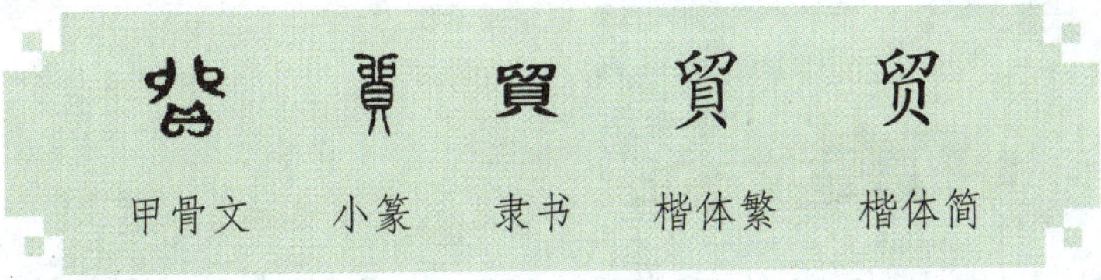

“貿（贸）”是形声字，上面的部分表声，下面部分表形。它的本义就是交易、交换财物。

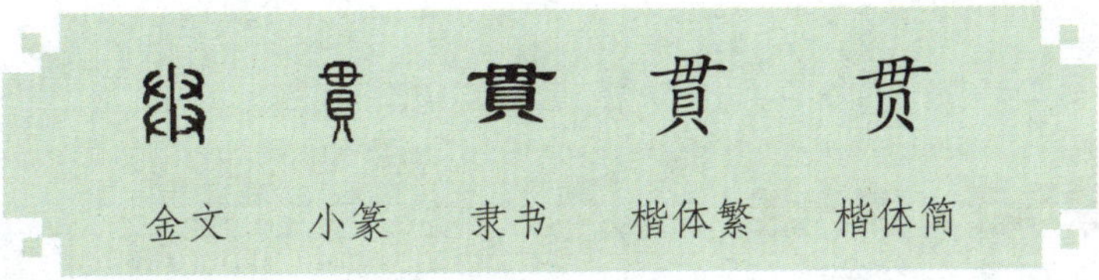

“貫（贯）”是象形字，金文的字形就像用一条绳索穿着一串贝壳。古时候把方孔铜钱穿起来，一千个就是一贯。

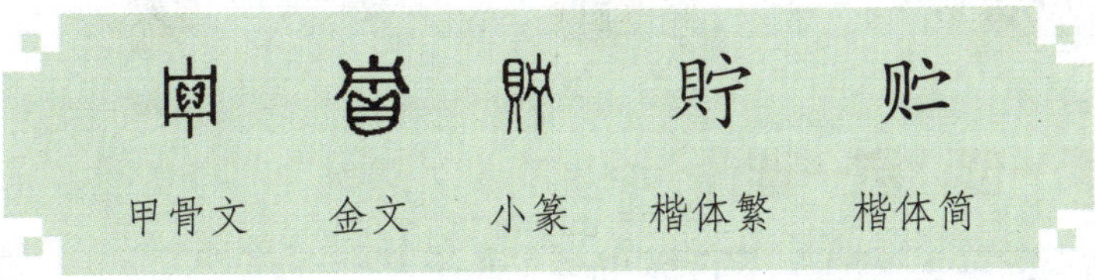

甲骨文的“貯（贮）”从外形上看，像是匣椟一样的容器，里面藏着“贝”，这就表示储存的意思。小篆之后把“贝”写在了匣椟的外面，变成了左形右声的形声字了。

“贮”的字义较为单纯，是储存的意思，如“贮存、贮藏、缸里贮满了水”等。

我是小博士

读一读，找一找（圈出繁体字，写出简体字）

1. 在金色的沙滩上，我拾了许多美丽的貝殼。

（　　　　）

2. 人与大自然的完美融合，就要我们以欣賞美景的方式去达成。（　　　　）

3. 香港是購物的天堂。（　　　　）

4. 圣诞节那天，我收到了一张精美的賀卡。（　　　　）

动动手，连一连

		貯
		買
		貝

读一读，选一选

1. 贊——贊助　①帮助　②称赞　（　　　）

2. 貧——貧窮　①缺少　②和“富”相对　（　　　）

3. 費——浪費　①费用　②花费　③用得多，消耗得多　（　　　）

4. 顧——照顧　①拜访　②照管　（　　　）

古诗美读

詠　柳

（唐）賀知章

碧玉妝成一樹高，
萬條垂下綠絲縧。
不知細葉誰裁出，
二月春風似剪刀。

经典诵读

頭懸樑，錐刺股。彼不教，自勤苦。
如囊螢，如映雪。家雖貧，學不輟。
如負薪，如掛角。身雖勞，猶苦卓。

选自《三字經》

[囊萤映雪]晋代车胤把萤火虫放在纱袋里当照明读书；孙康则利用积雪的反光来读书。他们两人家境贫苦，却能在艰苦条件下继续求学。

展示台（请把你喜欢的繁体字写下来）

书法欣赏

安貧：安于貧困；道：原指儒家所信奉的道德，後引申爲人生的理想、信念、準則。處境雖很貧困，仍樂于堅守信仰。形容人爲了自己信仰或理想的實現，寧願處于貧困惡劣的環境之中。

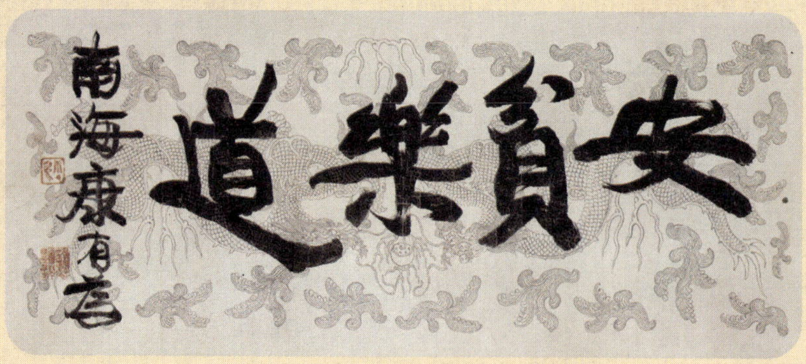

安貧樂道

傳說孔子有學生三千，其中最出名的有72人，而顔回又是孔子最得意的門生。

顔回字子淵，所以也叫顔淵。顔回的一舉一動，在孔子看來，都合乎心意。所以孔子常常以顔回的事例來教育其他學生。

有一次，孔子對學生們說："賢哉，回也！一簞食，一瓢飲，在陋巷，人不堪其憂，回也不改其樂。賢哉，回也！"意思是：顔回真是賢者啊！他住在荒僻的巷道裏，過着極其艱苦的生活。他盛飯用的器皿是竹子做的簞，舀水用的器具是木頭做的瓢。這要是落在别人頭上，則是不堪忍受的了，但是顔回始終感到滿足、快樂。顔回確實是個十分賢德的人啊！

孔子十分讚賞顔回的這種品德。然而這究竟是一種什麼樣的品德呢？孔安國說，這是"安於貧而樂於道"。

還有一次，魯哀公問孔子："在你三千多學生中，誰最好學？"孔子說："只有顔回最好學。他不遷怒，不二過，不幸短命死矣！"意思是：顔回最愛學習。他遇到發怒的時候，能做到隨發隨化，從不轉移到别的事情上去；有了錯誤就改，決不重犯。

顔回29歲頭髮盡白，32歲就死去了。孔子爲他的早逝感到非常悲痛。

14.见字旁（见）

读释义 知起源

甲骨文	金文	小篆	楷体繁	楷体简

“見（见）”字是一个重点突出的象形字。你看甲骨文下部是一个面朝右跪坐的人，人的头上是一只大眼睛。金文下部是一个半站的人，面朝左，头部的眼睛炯炯有神。小篆下部的人变得不像了，头上的大眼睛变成了“目”。

“见”字的本义是看见。由看见引申为会见，由会见又引申为接见。在古代，没有“现”字，所以凡表示出现的意思时均写作“见”，读xiàn。例如《敕勒歌》“天苍苍，野茫茫，风吹草低见牛羊”中的“见”就读xiàn。

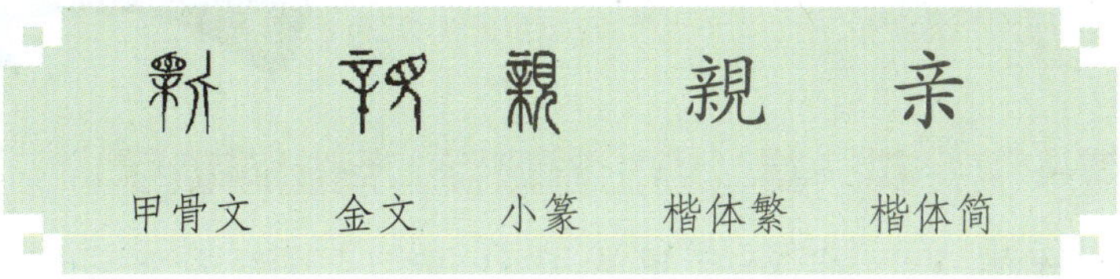

“親（亲）”是形声字，也是会意字。繁体字之前的“亲”字，“见”表意，表示关系亲近的人经常相见；“辛”或“亲”表声。本义是感情深、关系近的意思。简化后写作“亲”。

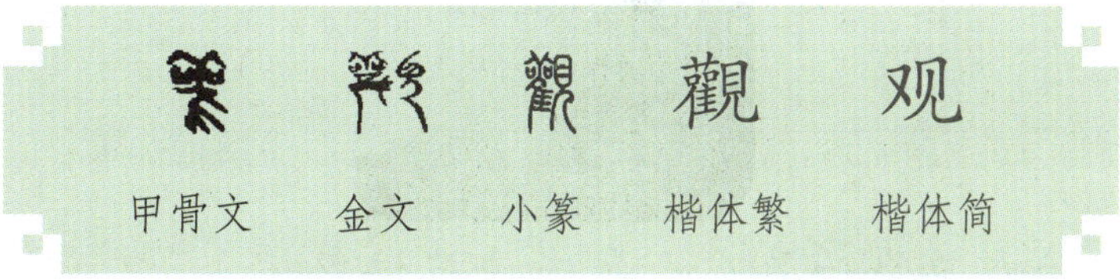

“觀（观）”本是会意字。甲骨文中的字形，上面像耳朵，下面是短尾鸟，两个“口”代表眼睛，像猫头鹰，意思为瞪着双眼看。金文之后，字的右边加了一个“见”，强调了看的动作。“观”是“觀”的简化字。

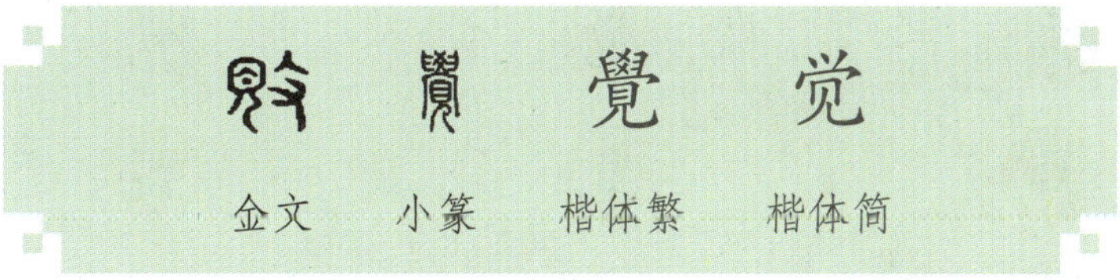

“覺（觉）”是会意字。“见”表示看见、发觉；“学”有明悟义。“觉”本义就是醒悟、明白的意思，如“觉悟、觉醒”。又指人或动物的感觉器官受刺激后对事物的感受辨别，如“感觉、味觉”。“觉”是“覺”的简化字。

我是小博士

读一读，找一找（圈出繁体字，写出简体字）

1. 放假了，我和家里人爬上黄山，觀看了云雾缭绕的美丽景色。 （　　　　）

2. 独在异乡为异客，每逢佳节倍思親。 （　　　　）
3. 春眠不覺晓，处处闻啼鸟。 （　　　　）
4. 人人都应该遵守交通法規。 （　　　　）

动动手，连一连

	觉	覺
	览	親
	亲	覽

读一读，再选一选（请你来连线）

親人　　觀眾　　睡覺　　博覽　　規矩

亲　　规　　觉　　览　　观

不知不覺　　歎為觀止　　親朋好友　　循規蹈矩

古诗美读

九月九日憶山東兄弟

（唐）王 維

獨在異鄉爲異客，
每逢佳節倍思親。
遙知兄弟登高處，
遍插茱萸少一人。

经典诵读

弟子規，圣人训。首孝弟，次谨信。
泛爱衆，而親仁。有余力，則學文。
父母呼，應勿緩。父母命，行勿懶。
父母教，須敬聽。父母责，須顺承。

选自《弟子规》

展示台（请把你喜欢的繁体字写下来）

故事会

三過家門而不入

上古時代，舜帝派大禹去治水。大禹吸取了他的父親治水失敗的教訓，不採用“堵”的方法，爾採用了疏通的方法，根据地形挖水道，把洪水引入大海，终於平定了洪水。

据説大禹到了三十多歲還没结婚，後来在涂山遇到一个姑孃，两人相互愛慕，便成了親。可婚後幾天，大禹就出去治水了。治水十三年中，大禹曾三次經過自己的家門。第一次孩子還在母親懷中哭，第二次孩子剛學會喊爸爸，第三次孩子已長大，要留下父親。爾大禹一次也没进自己的家門，因爲時間太過忽忙。“三過家門爾不入”的典故就是從这裏来的，後來也簡稱爲“過門不入”。

15.车字旁（车）

读释义　知起源

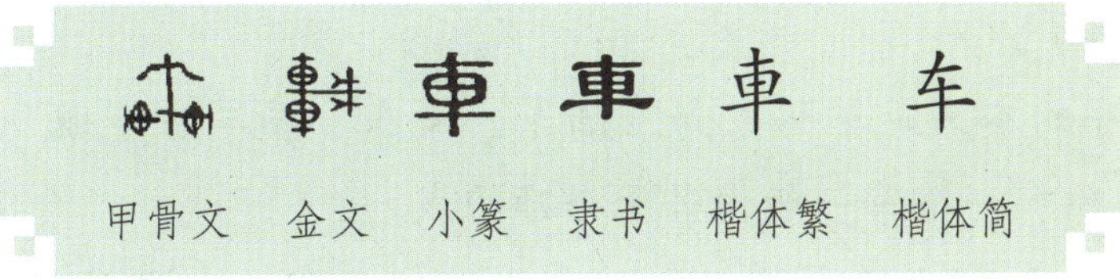

“車（车）”是象形字，它的繁体字中间部分是“田”，上下部分是两个“十”，这如同一个车轮子和车轮子两侧露出来的车轴。其实繁体“車”字的“田”在篆书之前都是圆形的，表示的就是车轮子。

从甲骨文和金文的“车”我们可以看到：古代战车的轮子很大，车身很小，为了便于纪录，就把车轮子作为“车”字的主要部分创造出象形字，并在象形字的上头或右边画几条曲线，表示战车上的旗帜；后来逐渐简化，小篆中曲线变成横线，中间还是圆形的车轮；随着隶书的出现，“车”的中间部分演变成方形的“田”字。简化后变成了现在的样子。

  軍 军

金文 小篆 楷体繁 楷体简

“軍（军）”是会意字，金文的中间是一个“车”，其外表示环绕在周围的军营。小篆和金文的形体大致相同。隶书之后就变成上“冖”下“车”的形状了。

“军”字的本义是军队，如“陆军、军人、参军、军舰”。引申指军队的编制单位，一个军一般由若干个师组成。

另外，我们也要注意“军容”一词的不同词义。它最早是指军队的武器装备，如“军容蓄用，器械兼储”。后来又称军队的气象、威仪和军人的仪表，比如说：“我们的军队，军容整肃。”唐代后期则把监督出征将帅的最高军职称为“军容”。由此可见，年代不同，某些词的含义也有区别。

  斬 斩

印文 小篆 楷体繁 楷体简

“斬（斩）”是一个会意字。战国印文的形体，左边是“车”，右边是“斤（斧钺）”，车裂斧砍都有斩杀的意思。

“斩”的意思是砍、杀，如“斩草除根、斩钉截铁”。“斩新花蕊未应飞”中的“斩”又是什么意思呢？其实，它是“崭”的通假字。“斩新”就是“崭新”的意思。

我是小博士

读一读，找一找（圈出繁体字，写出简体字）

1. 履帶轉動，馬達轟鳴，我軍威武的坦克在廣闊的演習場上接受首長的檢閱。（　　　　）

2. 微风輕輕地吹拂着湖邊的垂柳，像春姑孃在婆娑起舞。（　　　　）

3. 天安門廣場的人民英雄纪念碑上，记載着从鸦片战爭开始我们的祖輩不屈不挠的英雄歷史。（　　　　）

动动手，连一连

	轉	斩
	車	转
	斬	車

读一读，选一选

1. 車——前車之鑒

①陆上有轮子的运载工具　②可以作为警戒的事

③用车床切削东西　④姓　（　　）

2. 轉——随風轉舵

①转动；变换　②间接传送

③量词，表示绕的圈数　④旋转　（　　）

3. 專——專心致志

①集中在一件事上的　②在学术技能某方面有特长

③光　④独自掌握和占有　⑤姓　（　　）

我是小书童

古诗美读

白雪歌送武判官歸京

（唐）岑　參

北風卷地白草折，胡天八月即飛雪。
忽如一夜春風來，千樹萬樹梨花開。
散入珠簾濕羅幕，狐裘不暖錦衾薄。
將軍角弓不得控，都護鐵衣冷猶著。
瀚海闌幹百丈冰，愁雲慘澹萬里凝。
中軍置酒飲歸客，胡琴琵琶與羌笛。

紛紛暮雪下轅門，風掣紅旗凍不翻。
輪台東門送君去，去時雪滿天山路。
山回路轉不見君，雪上空留馬行處。

经典诵读

兄道友，弟道恭。兄弟睦，孝在中。
財物輕，怨何生。言語忍，忿自泯。

选自《弟子规》

展示台（请把你喜欢的繁体字写下来）

小知识

你知道什么是金文吗

金文是指殷周时期铸刻在青铜器上的铭文，也叫钟鼎文。商周是青铜器的时代，青铜器的礼器以鼎为代表，乐器以钟为代表，“钟鼎”是青铜器的代名词。所谓青铜，就是铜和锡的合金。中国在夏代就已进入青铜时代，铜的冶炼和铜器的制造技术十分发达。因为周以前把铜也叫金，所以铜器上的铭文就叫做“金文”或“吉金文字”；又因为这类铜器以钟鼎上的字数最多，所以过去又叫做“钟鼎文”。金文应用的年代，上自商代的早期，下至秦灭六国，约一千二百多年。金文的字数，据容庚《金文编》记载，共计3722个，其中可以识别的字有2420个。

成语故事

輕車熟路

唐朝元和五年，朝廷任命烏公爲河陽軍節度御史大夫。烏公是一個求賢若渴、知人善任的人。他爲了治理好自己的管轄地，就招納賢才來輔佐自己辦理政事。他還經常讓他的屬下或侍從爲他推薦有才能的人。於是，有個侍從就爲他推薦了一位姓石的處士。

烏公詢問那個侍從：“你向我推薦的那位石先生到底怎麼樣？真的是可用之人嗎？”侍從回答道：“石處士這個人有廣博的見識，非常高明。他無論爲人還是處事都能夠明辨是非功過，處理事情非常得當。他談吐敏捷，就好比河開流下，滔滔不絕。口才非常了得，思維也是相當敏鋭。另外，他處理事情非常熟練，就像駕著承載很輕的車走著熟路一樣！”

16.日字旁(日)

读释义　知起源

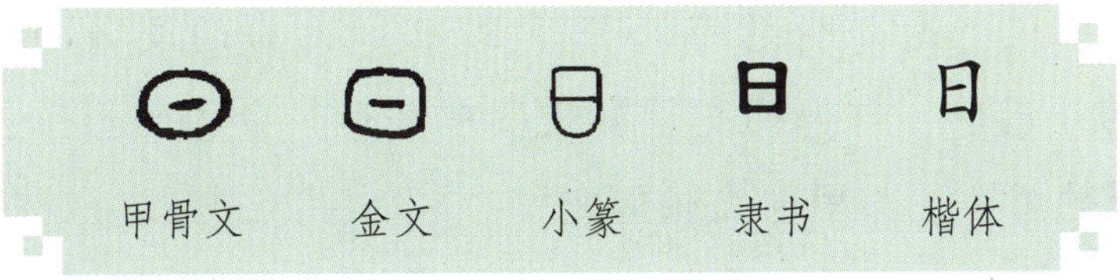

“日”是个象形字。甲骨文和金文的“日”都像太阳的形状。小篆的形体，原来中间的一点变成了一横。隶书和楷书是在小篆形体的基础上变为方形。

“日”的本义就是太阳，从太阳的本义引申为白昼，如“夜以继日”。又可引申为计量时间的单位。如《诗经》：“一日不见，如三秋兮。”意思是：一天不见，就好像隔了好几年似的。

“日”是个部首字。在汉字中由“日”字组成的字，大都与太阳有关，如“旦、春、晕”等。

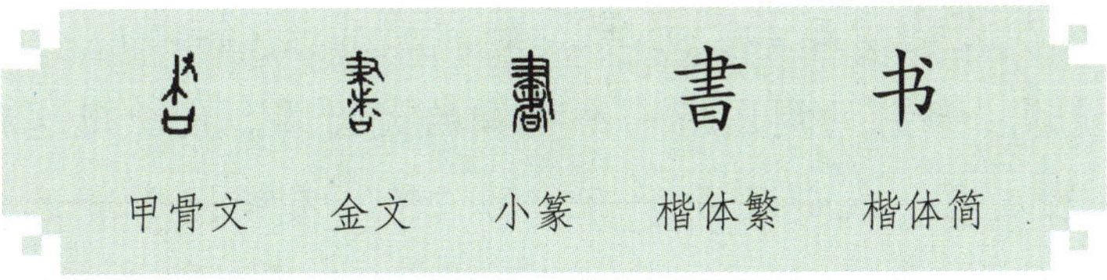

“書（书）”原为象形字。甲骨文的上部是手执笔的形象（即“聿”）；下部的“口”表示书写之物。金文的形体，上部仍为“聿”字，下部变成了“者”字，这就成为“从聿，者声”的形声字了。小篆的写法与金文基本相似。后来简化为“书”。

“书”的本义为写。引申为文字，如“书画并佳”等。又引申为被写的对象书籍，如杜甫诗：“读书破万卷，下笔如有神。”

“晋（晉）”是个会意字。甲骨文中，上为两支箭（矢），下为“日”，实为一器物，好像两支箭插进器中之形。金文的形体，下部更像器形。小篆的写法，与甲骨文相似。

“晋”的本义应为箭，箭插入器中，便引申为“插”义。又引申为“进”义。现在我们还说升级为“晋级”。

我们看甲骨文的形体，大概能得知“晕（暈）”字的意思。它的中间是个“日”，周围是光圈。小篆只保留了“日”字，而下部则加了个“军”字表示读音，这就成了从“日”、“军”声的形声字了。

“晕”的本义是指日晕、月晕，如《韩非子·备内》：“日月晕围于外。”也就是说：日月的周围有一个模糊的大圆圈。凡出现这种现象，天气往往要发生变化，或刮风或下雨。因“晕”有模糊不清之义，这就引申为人眼花、昏眩义。我们现在所说的“头晕、晕车”等都用的是“晕”字的引申义。

我是小博士

照样子，写一写

例：斬＋（ 日 ）＝（ 暫 ）→（ 暂 ）

寺＋（　　）＝（　　）→（　　）

魚＋（　　）＝（　　）→（　　）

軍＋（　　）＝（　　）→（　　）

读一读，选一选

楷書（　　）　書籍（　　）　書法（　　）

①字体　②写字；记录；书写　③文件　④装订成册的著作

量具（　　）　打量（　　）　胆量（　　）

①数目　②能容纳或禁受的限度　③估量　④计量用的器物

动动手，连一连

曉	書	晓
書	曉	暂
暫	暫	书

古诗美读

春　曉

（唐）孟浩然

春眠不覺曉，
處處聞啼鳥。
夜來風雨聲，
花落知多少。

名句诵读

若夫日出爾林霏開，雲歸爾岩穴暝，晦明變化者，山間之朝暮也。野芳發爾幽香，佳木秀爾繁陰，風霜高潔，水落爾石出者，山間之四時也。朝爾往，暮爾歸，四時之景不同，爾樂亦無窮也。

選自（宋）欧阳修《醉翁亭記》

展示台（请把你喜欢的繁体字写下来）

故事会

夸父逐日

遠古時候，在北方荒野中，有座巍峨雄偉的高山。在山林深處，生活著一群力大無窮的巨人。他們的首領，名字叫做夸父。

那時候大地荒涼，毒物猛獸橫行，人們生活淒苦。夸父爲讓本部落的人們能夠活下去，每天都率領衆人跟洪水猛獸搏鬥。

有一年，天氣非常熱，火辣辣的太陽直射在大地上，烤死莊稼，曬焦樹木，河流乾枯。人們熱得難以忍受，好些人紛紛死去。

夸父非常難過，他仰頭望著太陽，告訴族人："太陽實在是可惡！我要追上它，捉住它，讓它聽人的指揮。"

太陽剛剛從海上升

起，夸父告別族人，懷著雄心壯志，向著太陽的方向，邁開大步追去，開始他逐日的征程。

太陽在空中飛快地移動，夸父在地上如疾風似的，拼命地追呀追。他穿過一座座大山，跨過一條條河流，大地被他的腳步震得轟轟作響，來回搖擺。

在太陽落山的地方，夸父終於快追上它了。紅彤彤、熱辣辣的火球，就在夸父眼前，萬道金光，沐浴在他身上。夸父無比歡喜地張開雙臂，想把太陽抱住。可是太陽熾熱異常，夸父感到又渴又累。他就跑到黄河邊，一口氣把黄河水喝乾。他還不解渴，又跑到渭河邊，把渭河水也喝光。可是他仍不解渴。於是又向北跑去，那裏有縱横千里的大澤，大澤裏的水足夠夸父解渴。但是，夸父還沒有跑到大澤，就在半路上渴死了。

夸父臨死的時候，心裏充滿遺憾，他還牽掛著自己的族人，於是將自己手中的木杖扔出去。木杖落地的地方，頓時生出大片鬱鬱葱葱的桃林。

這片桃林終年茂盛，爲往來的過客遮蔭，結出的鮮桃，為勤勞的人們解渴，讓人們消除疲勞，精力充沛地踏上旅程。

成语典故

心曠神怡

岳陽樓在現在湖南省的岳陽市，也就是原舊縣城的西門城樓。該樓高三層，向下可看到波光粼粼的洞庭湖。此樓建于唐朝初年，到北宋年間又加以重修。

滕子京和范仲淹是好朋友，他們兩個都在公元1015年考取進士。公元1044年，滕子京擔任了岳州知州，次年重修岳陽樓，並請好友范仲淹爲他寫篇文章，來記敘這件事。范仲淹欣然接受了好友的請求，寫成了

《岳陽樓記》這篇傳誦千古的文章。文中寫到了在不同的時令、氣候條件下登上岳陽樓所看到的景色和不同的感受。

“登斯樓也，則有心曠神怡，寵辱偕忘，把酒臨風，其喜洋洋者矣。”寫的就是在春風和暖、陽光明媚的時候登上岳陽樓。這時，你就會覺得心胸豁然開朗，精神十分愉快，所有的一切榮辱得失都會忘記得一乾二淨。你再端起酒杯，在陽光的沐浴下，在清風的吹拂下，舉杯暢飲，這樂趣，真是無窮無盡啊！

17.月字旁(月)

读释义　知起源

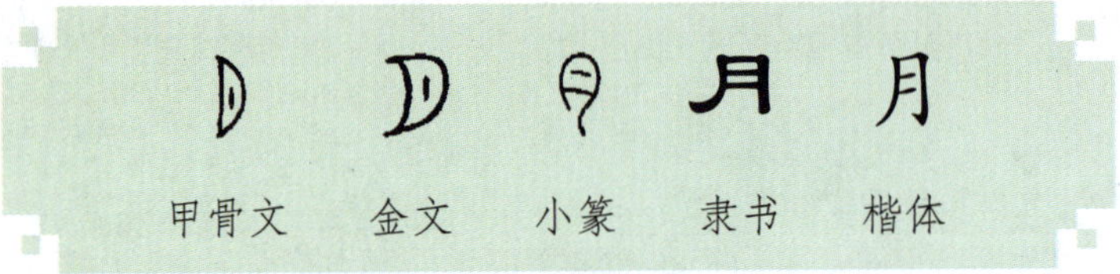

“月”是个象形字。甲骨文中的“月”就是“一弯皓月悬中天”的形象。金文和甲骨文相似，它们中间的一小竖，是表示月中的桂树等。小篆的形体变得不太像月亮的样子了。隶书和楷书的写法，更看不出月亮的形状了。

“月”字的本义很好理解，但是由“月”字所组成的词则往往不太好理解，如“月吉”一词，大都指每月的初一，但有时也专指正月初一；“月旦”也称为“月朔”，指每月的初一；“月华”是指“月光”或“月色”。

“月”是个部首字。由“月”字所组成的字很多与“月亮、光明”有关，如“明、朔、朗”等。肉字旁大多写作“月”，但字义却与月亮无关。

“朋”本为象形字。甲骨文就像两串贝（或玉）联结在一起。金文的形体与甲骨文相似。

“朋”字本为贝的数量的称谓，五贝为一串，两串为一朋。因为一朋为两串，所以引申为朋友义。李白《陈情赠友人》：“斯人无良朋。”意思是：这个人没有好朋友。因此又引申为朋党，即有相互勾结之义。

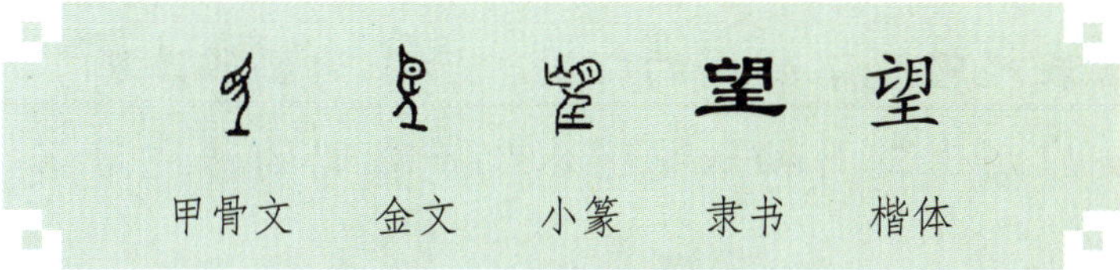

“望”本为会意字。甲骨文的形体，上部是一只大眼睛，下部是一个人面朝左站在一个土堆上，表示登高望远。金文的形体与甲骨文相似。小篆的形体，左上角增加了表声的“亡”，右上角为“月”，下部为“人”站“土”上之形，表示望月之意。

“望”字的本义应为远望，由远望引申为盼望。“望”有远、高之义，所以又引申为名望、声望。

农历每月十五日亦称为“望”，因为这天太阳西下时，月亮正好从东方升起，二者遥遥相望。

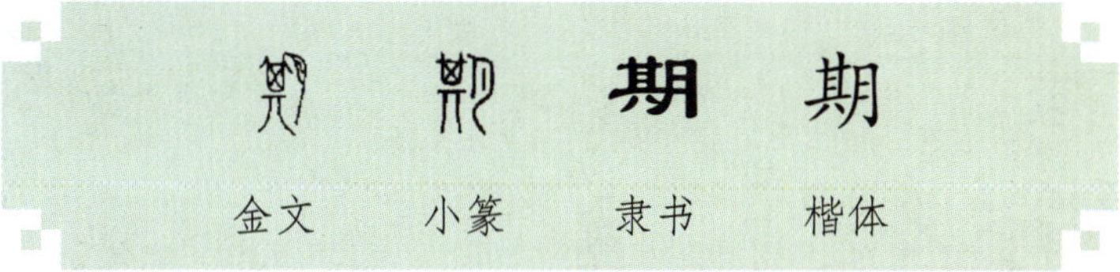

“期”本为形声字。金文的形体，左部为“其”，表声；右部为“日”，表形。这说明“期”字与时间（日）有关。小篆的形体，“其”未变，“日”换成了“月”，因为“日”与“月”均能表示时间，可以互换。

“期”字的本义应为限定的时间，由期限引申为约会，又引申为期望、要求等。

请注意，“期”还可读作jī，一周年、一整月也称为“期年”“期月”。

我是小博士

读一读，圈一圈（圈出繁体字，写出简体字）

★我轻轻脱下妈妈的棉鞋，亲手为妈妈洗腳。（　　）

★农历十二月初八吃臘八粥是我国的传统习俗。（　　）

★经过一个暑假的训练，张丽终于战勝了众多对手，取得了这次围棋比赛的冠军。（　　）

动动手，连一连

		朋
		期
		望

想一想，选一选

1. 騰——奔騰　①奔跑或跳跃　②升（到空中）　③使空（kòng）

2. 脹——熱脹冷縮　①膨胀　②身体内壁受到压迫而产生不舒服的感觉

古诗美读

憶江南

（唐）白居易

江南好，風景舊曾諳。
日出江花紅勝火，
春來江水綠如藍。
能不憶江南！

名句诵读

臘後花期知漸近，寒梅已作東風信。

（宋）晏殊《蝶戀花》

勝利不驕傲，失敗不氣餒，
對成敗要保持平常心態。

展示台（请把你喜欢的繁体字写下来）

故事会

膽量和力量

山林裏面，獅子是凶蠻的王。一切獸類都是它的食品，由它揀中意的吃。一天，幾種野獸在樹底下商量怎樣不被獅子吃掉。有的主張練習爬樹，等它來時逃到樹上去。有的主張練習快跑，比它跑得快，就不會被它捉住了。

野羊説：“依我的意思，我們第一要聽慣獅子叫。如果不聽慣，等它叫一聲，我們就發抖了，還能爬樹、跑路嗎？”

野馬説：“聽獅子叫——多麼驚心的事呀！”

野羊説：“膽量是越練越大的。我們躲藏得隱秘一點，聽聽它的叫，其實也沒有什麼。”

别的野獸都説：“我們試試吧！”

它們就在獅子出入的路旁，秘密地躲藏起來，氣也不敢透，專等聽那驚心的獅子叫。

幾種野獸聽到獅子叫，起初是發抖的。後來聽慣了，也就泰然，像聽到風聲、泉水一樣。它們又聚會了。野馬説：“我不免要笑從前的自己。現在聽聽，獅子的聲音不過闊大一點，有什麼可怕呢?”

鹿說：“不要多說閒話，我們第二步該練習什麼呢?”

野羊說：“我們聽慣了獅子叫，膽量也就不小了。獅子若來欺負我們，我們可以聯合起來抵抗它。我有角和蹄，是有用的傢伙。你們有的同我一樣，有快利的牙和爪，怕它什麼?”

這時，從樹背後突然跳出一隻獅子，張開的嘴裏流出口水來。山貓第一個縱身向前，咬住獅子的項頸，讓自己的身子掛著。鹿和野羊、野牛用角刺它的胸腹，又用蹄踢它的腿。猴子從它的背脊上爬到頭上，用前脚挖它的眼睛。獅子跌倒了，滿身流著血。幾種野獸這才相信自己的膽量的確不小了。它們更相信自己的力量也的確不小。

成语典故

胸有成竹

北宋時期，有個有名的畫家，叫做文與可。他畫畫很好，尤其擅長畫竹子。爲了更好地研究竹子，他在自家宅院裏種了許多竹子。他每天都要仔細觀察竹子，對它們在不同季節、不同氣候中發生的變化和姿態進行研究。日子久了，他每次要畫竹子都不用再去觀察，因爲他心裏早就構好了圖，竹子的樣子早牢記於心，所以一下筆就能迅速地畫出各種各樣的竹子來，並且畫出的竹子十分逼真，大家都極為讚賞。後來大文學家蘇軾說文與可畫竹的方法是“畫竹必先得成竹於胸中”，就是畫竹時心中必定得先有竹子的形象。

18.田字旁、申字旁（田、申）

读释义　知起源

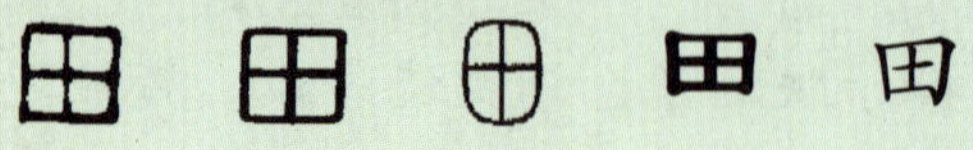

甲骨文　金文　小篆　隶书　楷体

“田”是个象形字。甲骨文是一块长方形的大田，中间纵横的直线是田埂或田间小路。后来各种字体“田”都跟甲骨文相似。

“田”字是个部首字。在汉字中由“田”字组成的字大多与田地或耕种有关，如“畔、畦”。

金文　小篆　隶书　楷体

“番”本为象形字。金文的形体，上部为兽趾之形，下部为兽脚掌之形（不是“田”字），整个字就像兽脚着地的脚印之形。小篆的形体与金文相似。

《说文解字》中说：“番，兽足谓之番。”可见“番”就是“蹯”的初文。几足交替前进，所以就引申为轮流更代之意。由更替、轮流又引申为动量词，作“回、次”解，如“翻一番、五次三番”。

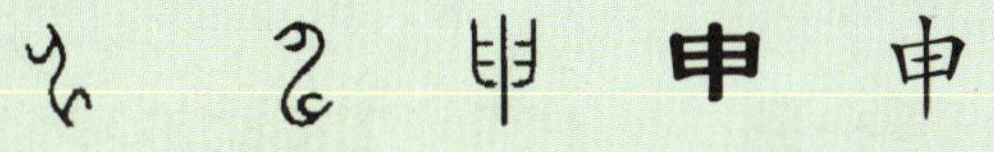

甲骨文　金文　小篆　隶书　楷体

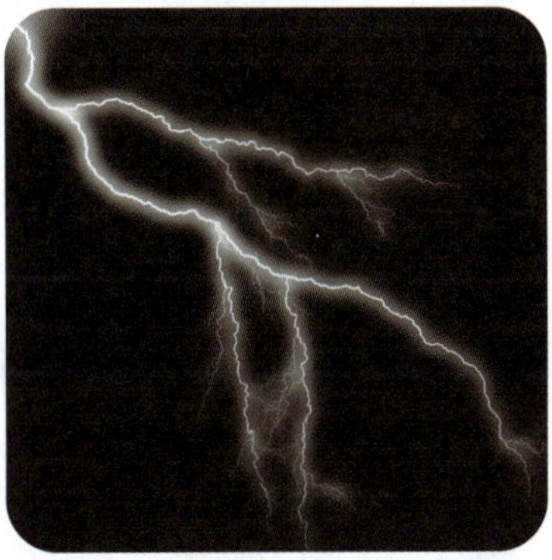

“申”本为象形字。甲骨文就像雷雨天闪电之状。所以“申”字和“电”字在上古同文。金文的形体与甲骨文相似。

“申”本为电闪光的样子，所以其本义应为明，由此引申为明白义。注意，“声明”不同于“申明”。“声明”是公开表明态度或说明真相，“申明”则不一定需要公开。

甲骨文　小篆　隶书　楷体繁　楷体简

“異（异）”本为象形字。甲骨文中就像正面站立的一个人，双手上举而护住头部。小篆的写法已经发生了讹变。隶书之后，变成上“田”下“共”，与最初的字形大相径庭。

“异”字的本义是护翼。《说文解字》中说：“异，分也。”“分”是“异”的后起义。后世大都用“异”字的不同义，如“差异”。由不同又引申为奇特，如柳宗元《捕蛇者说》：“永州之野产异蛇。”这里的“异蛇”，也就是指奇特的毒蛇。

我是小博士

读一读，圈一圈（圈出句子中的繁体字）

今年暑假，我们全家去“山水甲天下”的桂林参加姐姐的畢业典礼。一路上看到那迷人的青山绿水，我们的心情无比暢快。走进姐姐的学校，四处是奇花異草，芬芳扑鼻。累累的果树更是使校园别有一番景象。能在这样的环境下学习，真是一种享受啊！

你能写一写它们的简化字吗？__________

想一想，选一选

“異”字的解释有：①有分别；不相同　②奇異；特别　③驚奇；奇怪　④另外的；别的

異國他鄉（　　）　　異口同聲（　　）

大放異彩（　　）　　驚異不已（　　）

动动手，连一连

　　疊　　毕

　　畢　　叠

古诗美读

曉出淨慈寺送林子方

（宋）楊萬里

畢竟西湖六月中，
風光不與四時同。
接天蓮葉無窮碧，
映日荷花別樣紅。

名句诵读

要擺脫愚昧，
就得承認無知。
——（法）蒙田

磨礪內心比油飾
外表要難得多，猶如
水晶與玻璃的區別。
——畢淑敏

展示台（请把你喜欢的繁体字写下来）

故事会

差异

一個城郊的居民區住着三户人家，他們的平房緊緊相鄰，三個男人都從農村招工進了一家煉鐵廠。

廠裏工作辛苦，工資又不高。下了班，三個人都有自己的活。一個到城裏去蹬三輪車，一個在街邊擺了一個修車攤，還有一個在家裏看書，寫點文字。蹬三輪車的人錢賺得最多，高過工資；修車的也不錯，能對付柴米油鹽的開支；看書寫字的那位雖没有别的收入，但也活得從容。

有一天，三個人説起自己的願望。蹬三輪車的人説，我以後天天有車蹬就滿足了。修車的説，我希望有一天能在城裏開一間修車鋪。喜歡看書寫東西的那個人想了很久才説，我以後要離開煉鐵廠，我想靠我的文字吃飯。其他兩位當然都不信。

五年過去了，他們還是過着同樣的生活。十年後，修車的那位真的在城裏開了一家修車鋪，自己當起了老板。蹬三輪車的那位還是下班了去城裏蹬車。十五年後，看書寫字的那位發表的一些作品，在地區引起了不少關注。二十年後，他的作品在全國獲了獎，并被譯到國外，他也成了一名著名的作家。

一個人的潛力，往往潛藏于他的理想之中。很難想象一個没有遠大目標的人，會幹出多麽遠大的事業。一個人追求的目標越高，他前行的道路也越遠，取得的成就也越大。無視潛能、安于現狀者，却是十年二十年生活也改變不了多少。

成语典故

三令五申

春秋時期，齊國有一位著名的軍事家叫孫武。他精通兵法，熟知作戰綱要。吴王闔閭聽説孫武的名氣後，就聘請他來到吴國輔助自己。孫武來到吴國後，吴王想讓他在自己的宫廷之中事先實踐一下，看他是否名副其實。

吴王給了孫武幾百名宫女讓他訓練。孫武把宫女們分成了兩隊，分别由吴王的兩個愛妾當隊長，然後就開始進行隊列訓練。在反復交代隊列訓練的要領後，孫武就下命令讓隊伍集體向右轉。但是衆多的宫女們深居宫中慣了，對這種命令不但無動于衷，反而覺得非常可笑。她們聽到命令後都哈哈大笑，完全不把孫武當回事。孫武認爲是自己强調隊列訓練要領不够清楚，以至于大家不知道怎樣轉動，于是他又認認真真三令五申了軍隊的紀律和動作要領，確保了每個人都能聽懂。但是，當孫武再一次下命令讓大家全體向左轉時，宫女們還大笑不止。于是，孫武就按照軍法果斷地斬殺了兩個隊的隊長。宫女們看到孫武把吴王的愛妾都處死了，這下全都聽話了，都認認真真地進行隊列訓練，很快就符合了孫武的標準。

19.鸟字旁(鸟)

读释义　知起源

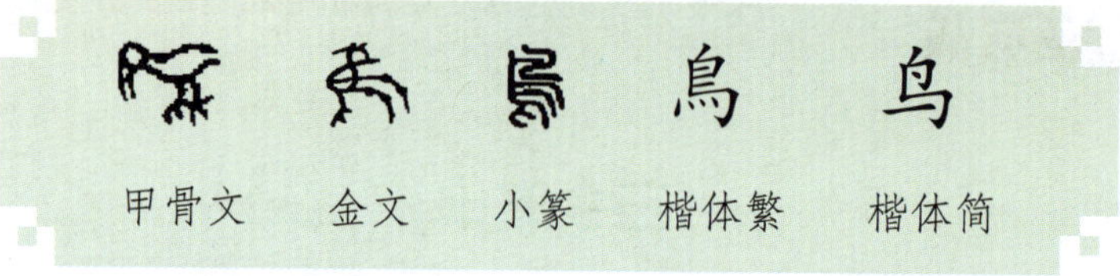

上面这几个古文字有意思吗？看得出来，它们和我们现在的“鸟”字都很像，是吧？

“鳥（鸟）”字的甲骨文和金文字形都是一只鸟的样子，十分形象，还突出了它尖尖的嘴和细细的脚爪。小篆之后几种字体的字形也都像鸟的样子。

“鸟”字旁的字一般与禽类有关。

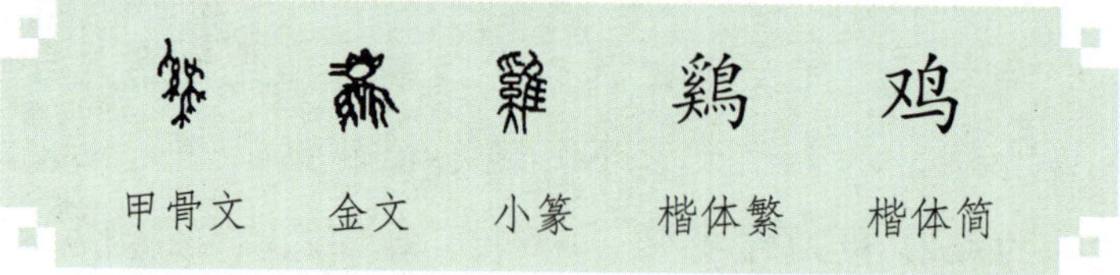

“鷄（鸡）”是一个形声字。甲骨文的“鸡”，左边是个“奚”字，表示这个字的读音（“鸡”与“奚”读音相近）；而右边的“鸟”字则是表意的部分，说明鸡是鸟类。

金文的“鸡”很像一只头朝左的大公鸡的形状，表示读音部分的“奚”字省掉了。小篆的字形和甲骨文的形体相近，左边还是一个“奚”字，右边则把“鸟”换成了“隹”。楷书的形体与小篆相同，也是从

“隹”、“奚”声的形声字。可是后来到了简化字就大不相同了，“隹”字又还原为甲骨文的“鸟”字，“奚”字换成了简化符号“又”，写成了“鸡”。

	鴉	鴉	鸦
小篆	隶书	楷体繁	楷体简

“鴉（鸦）”是形声字。“鸟”表意，表示乌鸦是一种鸟；“牙”表声，“牙”是“呀”的省文，表示鸦的鸣声似“呀”。“鸦”的本义是乌鸦。

	鷗	鸥
小篆	楷体繁	楷体简

“鷗（鸥）”是形声字。“鸟”表意，表示鸥是一种鸟；“区”表声，在古代，“区”和“欧、鸥”读音相同。鸥是鸟类的一科，多生活在海边，主要捕食鱼类，头大，嘴扁，翼长而尖，趾间有蹼，羽毛多为白色，海鸥是其中一种。

	鴨	鸭
小篆	楷体繁	楷体简

“鴨（鸭）”是形声字。“鸟”表意，表示鸭是一种鸟；“甲”表声，亦表示鸭子的叫声似“甲”。

	駝	驼
小篆	楷体繁	楷体简

“駝（驼）”是形声字。“鸟”表意，表示鸵鸟是鸟的一种；“它”表声，亦表示鸵鸟之足具有两趾和肉垫，有如驼足。鸵鸟是现代鸟类中体型最大的，高可达三米，颈长，头小，嘴扁平，腿长善走，不能飞，产于非洲和澳大利亚。

我是小博士

读一读，找一找（圈出繁体字，写出简体字）

1. 竹外桃花三两枝，春江水暖鴨先知。（　　　　）
2. 波澜壮阔的大海上，飞翔着白色的海鷗。（　　　　）
3. 你看过《骑鵝旅行记》这本书吗？（　　　　）
4. 駝鸟昂着头，安静地看着周围的游客。（　　　　）

动动手，连一连

	駝	鸥
	鴨	鸭
	鷗	驼
	鷄	鸡

我是小书童

古诗美读

天净沙·秋思

（元）馬致遠

枯樹老藤昏鴉，
小橋流水人家，
古道西風瘦馬。
夕陽西下，
斷腸人在天涯。

经典诵读

地所生，有草木。此植物，遍水陸。
有蟲魚，有鳥獸。此動物，能飛走。
稻粱菽，麥黍稷。此六谷，人所食。
馬牛羊，鷄犬豕。此六畜，人所飼。

選自《三字經》

展示台（请把你喜欢的繁体字写下来）

小知识

千奇百怪的動物“語言”

“春眠不覺曉，處處聞啼鳥。”這是唐朝詩人孟浩然描繪百鳥鳴春的名句。可是在古代，很少有人注意鳥爲什麼“啼”。今天，隨著科學技術的不斷發展，人們能夠對鳥的“啼”和各種動物的鳴叫進行研究。

人們發現各種各樣的動物同人類一樣，也有自己的“語言”。所謂鳥啼、雞鳴、狼嚎、虎嘯，就是它們各自的“語言”。靠着這些“聽得見”的有聲“語言”，離群的孤雁可迅速歸隊，育雛的母雞能“指導”小雞覓食。

研究中，他們還發現，有的動物使用的是一種“摸得着”的語言。例如：當一隻螞蟻發現一條死了的蟲，自己無力拖回家時，就迅速跑回去，甩頭上的觸角和全家的螞蟻“交頭接耳”。一傳二，二傳四，最後便傾巢而動，將食物拖回家裏。

更有趣的是蜜蜂，它們使用的是“看得見”的“語言”。一隻工蜂，如果偵探到花源，便會立即飛到家裏，翩翩起舞，用舞蹈來告訴同伴花源的遠近和方向，動員大夥一起去采花粉。花源距離不太遠的，它就跳圓形舞；花源距離很遠的，它就跳“8”字舞。跳舞時，如果頭朝上，就表示花源是對著

太陽的方向；頭朝下，就表示花源是背著太陽的方向。

科學家準備創造發明一種“機器蜂”，用蜜蜂的“語言”使蜂蜜的產量大增。

成语故事

鶴立鷄群

晉朝的時候，皇室中有個侍衛官叫嵇紹，他體態魁梧，聰明英俊，在同伴中非常突出。嵇紹對皇帝始終非常忠誠。有一次他跟皇帝出去打仗，不幸戰敗，結果被敵人包圍，其他士兵都祇顧自己逃命，祇有他始終跟隨并保護着皇帝。敵方的飛箭像雨點般射過來，嵇紹身中數箭，鮮血直流而陣亡，大家都覺得他是個忠心的英雄。

嵇紹在世的時候，有一次，有人稱贊他說：“昨天在衆人中見到嵇紹，他氣宇軒昂、威風凛凛的樣子，就像野鶴站在鷄群中一樣。”後來就用“鶴立鷄群”比喻一個人的儀表或才能在周圍一群人裏顯得很突出。

20.雨字头（雨）

读释义　知起源

甲骨文　金文　小篆　隶书　楷体

甲骨文的“雨”字上部是一条横线，表示高空的云层，下垂的六条短线表示下落的雨水，可见它是个象形字。金文的形体与甲骨文相似，线条有断有续。小篆的形体变化较大，上面又增加了一条横线，这很可能是表示“天”。

“雨”是个部首字。由“雨”字组成的字大多与云、雨有关，如“雪、雾”等。

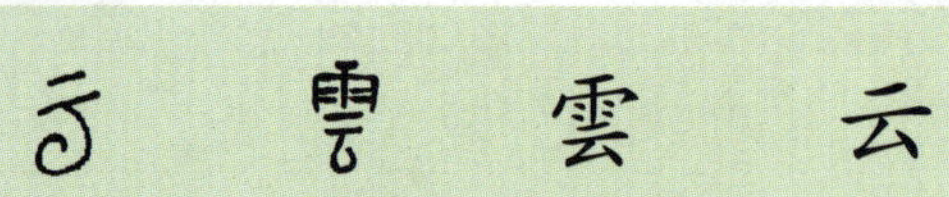

甲骨文　小篆　楷体繁　楷体简

“雲（云）”是个象形字。甲骨文就像空中卷曲的云形。金文基本上与甲骨文相同。到了小篆反而复杂化了，在“云”字之上又增加了一个“雨”字，表示云与雨相关。这就由原来的象形字变成了上形（雨）下声（云，也兼义）的形声字了。

在古代史籍中，凡写成“雲”字，都是指天空中的“云”；凡写成“云”，一般都当说话讲，如“子曰诗云”的“云”就是这个意思。有的人认为，现在通用的“云”是简化“雲”字而成的，其实不是这样，而是借鉴甲骨文、金文的形体而用之。

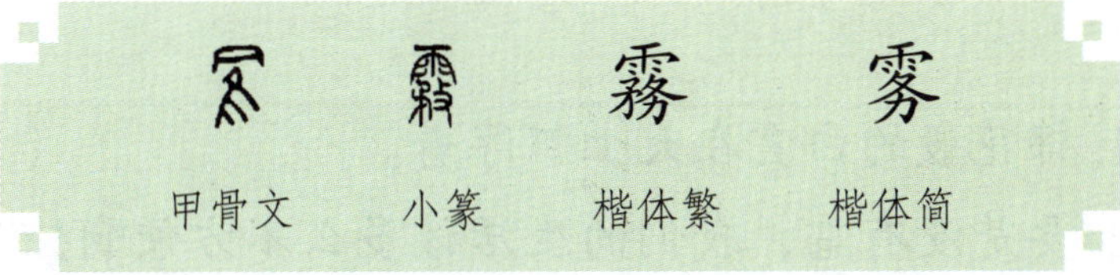

“霧（雾）”字本为会意兼形声字。甲骨文的上部为天空有雾之覆盖形，亦表声；下部是“隹（鸟）”，表意。古人认为，鸟鸣则天有大雾。

“雾”是接近地面的水蒸气遇冷而凝结成的微细水点，如云烟状。古书中常见“雾豹”一词，本义是说金钱豹在雾雨天深藏不出，后来则常用来比喻退隐避害的人。

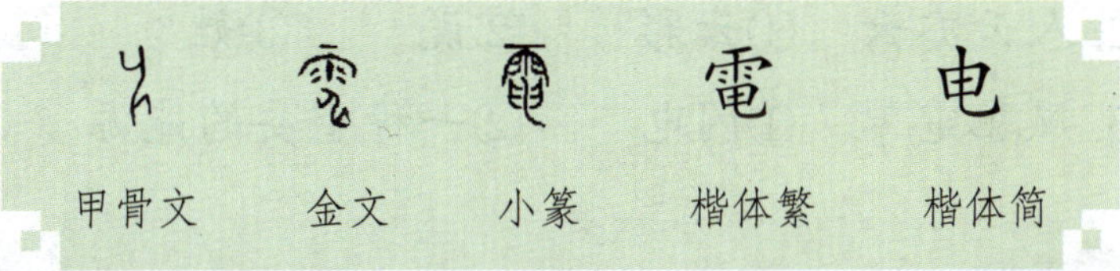

“電（电）”字本为象形字。甲骨文中是闪电发光的形象。金文的形体，在上面加上了雨字头，成了会意兼形声的字了。小篆的形体与金文类似。

“电”是阴阳电相合而击发出的强烈的亮光。正因为电的速度很快，所以常喻为迅速之义。

我是小博士

读一读，找一找（圈出繁体字，写出简体字）

1. 棉花般的白雲在天上飘浮着。　　（　　　）
2. 要是没有電，我们的生活该多么不方便啊！（　　　）
3. 云霧迷蒙的树林中，人影隐隐约约。　　（　　　）

读一读，选一选

1. 活靈活現　①机敏　②精神；灵魂　③关于神仙的　④关于死人的　⑤有效；灵验　（　　）
2. 人云亦云　①云彩　②说　③姓　（　　）
3. 風馳電掣　①闪电　②一种重要的能源　③触电　（　　）

动动手，连一连

　霧　电

　電　雾

我是小书童

古诗美读

過零丁洋

（南宋）文天祥

辛苦遭逢起一經，干戈寥落四周星。
山河破碎風飄絮，身世浮沉雨打萍。
惶恐灘頭説惶恐，零丁洋裏歎零丁。
人生自古誰無死，留取丹心照汗青。

展示台（请把你喜欢的繁体字写下来）

试一试

认识这几个字吗？用楷体写写看。

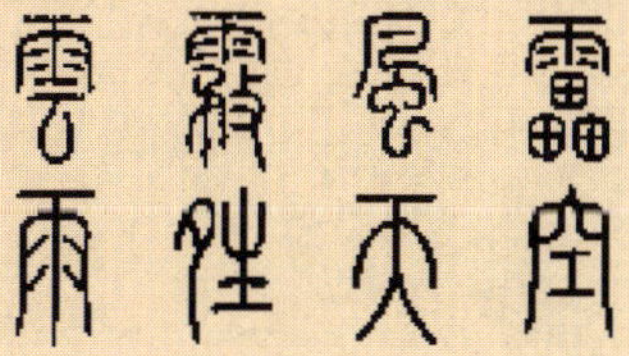

____

____

故事会

三個小雨滴

有三個小雨滴，他們是兄弟，老大叫大調皮，老二叫二調皮，老三呢，當然是小調皮啦。我們從名字上就可以想到他們哥仨平時的表現啦。

這一天，他們弟兄三個告別雲母親，準備回母親的老家——地球探親。雷大伯一路敲著鼓，閃電叔叔在河邊照著路，那場面別提多威風啦。

走著，走著，他們的調皮勁上來了。

大調皮發現了一個盲人，他想："我何不跑到他鼻子上呢？嚇他一跳，那多開心啊！"二調皮發現一個婦女拉著一車面，他想："哈哈，聽媽媽說，姥姥那裏的人都愛學雷鋒，我何不跳到她的面裏去，幫她和麵，也算我不枉此行啊！"小調皮呢，他早就瞄上一個戴眼鏡的教師了，他想："砸在他的眼鏡上，然後我就不走了，讓他看不見東西，那該是多奇妙的事啊！"

正當他們弟兄就要行動的時候，這時——

一個小夥子撐傘遮在了盲人的頭上。一個戰士拿起雨衣蓋在了麵粉上，對婦女說："大嫂，天快下雨了，來，我幫你拉吧！"一個紅領巾舉著小花傘，奶聲奶氣地對老師說："老師，給您打吧！"

三個調皮你看看我，我望望你，羞愧地跑向了田裏。

附：

常用繁简字对照表

厂字框（厂）

	lì	yā	yàn	lì
繁体字：	曆	壓	厭	厲
简化字：	历	压	厌	厉

单人旁（亻）

	mén	huì	yí	shāng	wěi	bèi	liǎ	zhēn	qiáo	xiá	qīng
繁体字：	們	會	儀	傷	偉	備	倆	偵	僑	俠	傾
简化字：	们	会	仪	伤	伟	备	俩	侦	侨	侠	倾

	jià	tān	gè	tiáo
繁体字：	價	貪	個	條
简化字：	价	贪	个	条

几字旁（几）

	fēng	jǐ	fèng	kǎi
繁体字：	風	幾	鳳	凱
简化字：	风	几	凤	凯

儿字旁（儿）

	ér	jiàn
繁体字：	兒	見
简化字：	儿	见

言字旁（讠）

	shuō	huà	yǔ	shī	ràng	shéi	xǔ	qǐng	jì	jì	jiǎng
繁体字：	說	話	語	詩	讓	誰	許	請	記	計	講
简化字：	说	话	语	诗	让	谁	许	请	记	计	讲

	sù	hù	gāi	yà	tán	lùn	diào	yǒng	yì	xié	sòng
繁体字：	訴	護	該	訝	談	論	調	詠	議	諧	誦
简化字：	诉	护	该	讶	谈	论	调	咏	议	谐	诵
	jiè	jǐn	dàn	yù	yì	yáo	jī	kuā	rèn	chéng	xùn
繁体字：	誡	謹	誕	譽	誼	謠	譏	誇	認	誠	訊
简化字：	诫	谨	诞	誉	谊	谣	讥	夸	认	诚	讯
	shí	móu	dìng	dú	kè	píng	fǎng	zhěn	tǎo	zhū	nuò
繁体字：	識	謀	訂	讀	課	評	訪	診	討	諸	諾
简化字：	识	谋	订	读	课	评	访	诊	讨	诸	诺
	yàn	liàng	pǔ	fěng	wèi	shì	huì	xùn	wù		
繁体字：	諺	諒	譜	諷	謂	試	誨	訓	誤		
简化字：	谚	谅	谱	讽	谓	试	诲	训	误		

士字旁、士字头（士）

	zhuàng	shòu	hú
繁体字：	壯	壽	壺
简化字：	壮	寿	壶

草字头（艹）

	bo	wàn	huáng	yè	lán	huá	yì	dàng	cāng	luó	sū
繁体字：	蔔	萬	黃	葉	蘭	華	藝	蕩	蒼	蘿	蘇
简化字：	卜	万	黄	叶	兰	华	艺	荡	苍	萝	苏
	lán	lián	cōng	gài	yào	zhuāng	jiù	jīng	jiàn	sà	lái
繁体字：	藍	蓮	蔥	蓋	藥	莊	舊	莖	薦	薩	萊
简化字：	蓝	莲	葱	盖	药	庄	旧	茎	荐	萨	莱
	yùn	ǎi	lú	wěi	wú	píng	mèng				
繁体字：	蘊	藹	蘆	葦	蕪	蘋	夢				
简化字：	蕴	蔼	芦	苇	芜	苹	梦				

双人旁（彳）

	hòu	cóng	shù	jìng	xián	yù	chè
繁体字：	後	從	術	徑	銜	禦	徹
简化字：	后	从	术	径	衔	御	彻

三点水（氵）

	jié	lèi	qiǎn	mǎn	jiāo	jiàn	nìng	tāo	shī	rùn	jiǎn
繁体字：	潔	淚	淺	滿	澆	漸	濘	濤	濕	潤	減
简化字：	洁	泪	浅	满	浇	渐	泞	涛	湿	润	减

	bīn	hún	zhǎng	wān	lán	nóng	tān	tāng	tàng	jǐ	lǜ
繁体字：	濱	渾	漲	灣	瀾	濃	灘	湯	燙	濟	濾
简化字：	滨	浑	涨	湾	澜	浓	滩	汤	烫	济	滤

	zé	sè	làn	pō	gōu	kuì	cāng	hóng	miè
繁体字：	澤	澀	濫	潑	溝	潰	滄	鴻	滅
简化字：	泽	涩	滥	泼	沟	溃	沧	鸿	灭

门字框（门）

	mén	kāi	guān	bì	wèn	jiān	nào	wén	xián	yuè	mēn
繁体字：	門	開	關	閉	問	間	鬧	聞	閑	閱	悶
简化字：	门	开	关	闭	问	间	闹	闻	闲	阅	闷

	kuò	gé	chuǎng	shǎn	fá
繁体字：	闊	閣	闖	閃	閥
简化字：	阔	阁	闯	闪	阀

广字框（广）

	guǎng	me	qìng	chǎng	yīng	chén	tīng	fèi	páng	yīng
繁体字：	廣	麼	慶	廠	應	塵	廳	廢	龐	鷹
简体字：	广	么	庆	厂	应	尘	厅	废	庞	鹰

	chú	shà	lú	cè	kù
繁体字：	廚	廈	廬	廁	庫
简体字：	厨	厦	庐	厕	库

四点底（灬）

	wú	yú	wèi	rè	niǎo
繁体字：	無	魚	爲	熱	鳥
简化字：	无	鱼	为	热	鸟

贝字底、贝字旁（貝）

	bèi	zhì	gòu	shǎng	mǎi	mài	tiē	zhàng	guàn	fù	zéi
繁体字：	貝	質	購	賞	買	賣	貼	賬	貫	賦	賊
简化字：	贝	质	购	赏	买	卖	贴	账	贯	赋	贼

	péi	zī	cì	gù	yán	hè	guì	gòng	fèi	zé	pín	zàn
繁体字：	賠	資	賜	顧	顏	賀	貴	貢	費	責	貧	贊
简化字：	赔	资	赐	顾	颜	贺	贵	贡	费	责	贫	赞

见字旁、见字底（見）

	qīn	guān	jiào	lǎn	guī
繁体字：	親	觀	覺	覽	規
简化字：	亲	观	觉	览	规

车字旁、车字头、车字底（車）

	chē	zhuān	lún	qīng	hōng	zhuǎn	liàng	bèi	jiào
繁体字：	車	專	輪	輕	轟	轉	輛	輩	較
简化字：	车	专	轮	轻	轰	转	辆	辈	较

	zhǎn	ruǎn	jiào	fǔ	yà
繁体字：	斬	軟	轎	輔	軋
简化字：	斩	软	轿	辅	轧

日字旁、日字头、日字底（日）

	shū	shí	shài	xiǎo	kuàng	zàn	lǔ	yūn	jìn
繁体字：	書	時	曬	曉	曠	暫	魯	暈	晉
简化字：	书	时	晒	晓	旷	暂	鲁	晕	晋

月字旁（月）

	liǎn	shèng	jiǎo	nǎo	dǎn	téng	là	xié	jiāo	téng	zhàng
繁体字：	臉	勝	腳	腦	膽	騰	臘	脅	膠	謄	脹
简化字：	脸	胜	脚	脑	胆	腾	腊	胁	胶	誊	胀

田字头（田）

	bì	dié	yì
繁体字：	畢	疊	異
简化字：	毕	叠	异

申字旁

	chàng
繁体字：	暢
简化字：	畅

鸟字旁（鸟）

	wū	yā	gē	ōu	yā	é	tuó
繁體字：	烏	鴉	鴿	鷗	鴨	鵝	鴕
简化字：	乌	鸦	鸽	鸥	鸭	鹅	鸵

雨字头（雨）

	diàn	yún	líng	wù
繁体字：	電	雲	靈	霧
简体字：	电	云	灵	雾

主要参考书目

《说文解字》　许　慎著，中华书局，2009年

《细说汉字》　左民安著，九州出版社，2006年

《汉字图解字典》　顾建平著，东方出版中心，2008年

《汉字演变五百例》　李乐毅著，北京语言大学出版社，2000年